KB074888

요즘 생각으로 풀어쓴

옛날 공부책

요즘 생각으로 풀어 쓴
옛날 공부책

초판발행 2017년 9월 1일

지은이 신창호
펴낸이 김정한
디자인 전병준
펴낸곳 어마마마

출판등록 2010년 3월 19일 제 300-2010-350호
주소 110-034 서울특별시 종로구 효자로9길 43 (창성동)
ISBN 979-11-87361-04-6 03150
값 1,3000원

「이 도서의 국립중앙도서관 출판예정도서목록(CIP)은 서지정보유통지원시스템 홈페이지(http://seoji.nl.go.kr)와
국가자료공동목록시스템(http://www.nl.go.kr/kolisnet)에서 이용하실 수 있습니다.(CIP제어번호: CIP2017021853)」

요즘 생각으로 풀어 쓴

옛날 공부책

시창호

어:어마마마

일러두기

1. 이 책은 『주자어류(朱子語類)』 제7권~제13권에 실려 있는 「학(學)」 1~7까지의 내용 중 일부를 공부에 초점을 맞춰 현대적 시각에서 풀이한 것이다. 이 책에서도 이 순서에 따라 장을 배치하였다. 독자들의 이해를 돕기 위해 매 장마다 원문에서 핵심 구절을 발췌하고, 몇몇을 제외한 대부분의 구절을 사자성어 형식으로 새롭게 정돈하였다.

2. 『주자어류』는 주자의 학문적 대화를 제자들이 기록한 것으로, 대부분이 주자의 언표이다. 따라서 내용의 대부분은 주자의 말을 현대어로 각색한 것이다. 본문에서 발췌한 여러 구절은 주자의 제자를 비롯하여 장횡거, 정이천 등 주자의 스승에 해당하는 사람들의 말인데, 내용의 흐름상 특별한 경우를 제외하고는 인명을 생략하고, "어떤 사람이 말하였다"로 제시하였다.

3. 가독성을 높이기 위해 옛날 성리학의 여러 용어, 구절, 문장 등을 의역하거나 번안하였다. 예를 들면, 학문(學問)→공부, 성인(聖人)·군자(君子)→훌륭한 사람, 천리(天理)→우주 자연의 이치, 경전(經典)→훌륭한 책, 과거(科擧)→취직 공부 등, 옛날 개념을 현대 용어로 과감하게 바꾸었다. 필요에 따라서는 문장을 축약하거나 새롭게 끼워 넣기도 하고, 내용의 논리적 맥락을 맞추기 위해 문단을 재구성하며 현대적 시각으로 새롭게 썼다.

서문

인간의 일생을 따라 다니는 가장 위대한 언어는 무엇일까? 단 언컨대, '공부(工夫)'라는 말이 아닐까?

태어나서 말을 하고 알아듣기 시작할 무렵부터 청장년, 노년을 거쳐 죽을 때까지 공부는 일상에 자리한다. 제도적으로 '유아-초중등-고등'교육을 겪는 차원은 옛날 얘기다. 이제는 부모교육, 노인교육, 직업교육, 죽음교육, 복지교육 등등 세상 자체가 배움의 천국이 된 학습사회다. 제4차 산업혁명이라 명명하는 현대사회의 초지능 연결망은 인간과 사물, 사이버상의 배움까지도 추동하고 있다.

흔히, "공부에는 왕도(王道)가 없다!"라고 말한다. 정말 그럴

까? 이 표현은 공부를 어떻게 하는 것이 좋은지, 공부 방법에 관한 고민을 일러주는 듯하다. 동서고금을 통틀어 하나로 고정된 공부법을 꼽을 수 없다는 점에서는 진실에 가까운 언표일 수 있다.

그러나 공부에는 왕도가 있다. 그냥 공부라고 하니까 특별한 방법이 없는 것처럼 막연해 보인다. 하지만 목적과 목표, 내용과 형식, 과정과 방법에서 분명한 지점을 깨우치면 그 길은 명확하게 보인다. 동양 전통의 옛날 공부법! 그것은 다름 아닌 주자학에서의 배움이다.

조선시대 우리 전통 사고의 구심이 되어온 주자학에서 배움은 매우 진지하다. 특히, 일상생활에서 우주 자연의 이치와 세상 만물의 도리, 인간 사회의 법칙 등, 삶의 도리를 일깨우는 작업은 그들의 공부 세계에서는 신성한 생명력을 부여하는 성대한 의식이었다.

나는 30여년을 사서삼경(四書三經)을 중심으로 하는 유학을 공부하면서, 유교를 교육철학적으로 탐구해왔다. 그 중에서도 재미있게 본 부분이 『성리대전(性理大全)』「학(學)」과 『주자어류(朱子語類)』「학」 부분이었다. 그것은 유교가 지향하는 배움에 관한 일종의 종합 처방이었다. 공부의 거시적 목적과 미시적 방법을 모조리 담고 있었고, 실질적인 적절한 예시가 아주 구체적으로 배어 있었다.

　20세기 이후, 서구 근대의 교육양식이 지배적인 우리에게, 전통으로 지속되고 있어야 할 주자 성리학의 배움 이론은 낯설고 새롭게만 느껴졌다. 유교의 교육철학을 공부하는 나에게도 이러한데, 다른 사람에게는 어떻게 보이겠는가!

　우리 공부의 전통이, 전통이 되지 못하고, 낯설고 새롭게 느껴진 이유는 간단했다. 우리에게 다가온 적이 없기 때문이다. 의도했던 의도하지 않았던, 주자 성리학의 공부법은 버려졌다. 아주 내팽개쳐진 대로 녹슬기도 하고 땅속에 묻혀버리기도 했다. 그리고 한동안 잊혀졌다. 정말 기억에서 사라졌다.

　그러다 20세기 후반부터 조금씩 여기저기서 광채를 보이기 시작했다. 이유는 다양했다. 전통사상에 대한 관심이 높아지면서 유학을 새롭게 연구하려는 경향이 나타났고, 서구 교육에 대한 반성적 사고도 등장했다. 주자 성리학의 배움 이론은 그 틈새를 비집고 나왔다. 문제는 몇몇 전문 연구자를 제외하고는, 일반 독자들이 그 내용을 읽지 못했다는 데 있다. 한문이라는 언어의 한계 때문이다. 그것이 이 책을 내게 된 동기다.

　이 책은 『주자어류』「학」편의 핵심 내용을 현대적 시선에서 풀이한 것이다. 「학」은 『주자어류』 제7권-13권에 실려 있는데, '제7권 소학(小學)/ 제8권 총론위학지방(總論爲學之方)/ 제9권 논지행(論知行)/ 제10권 · 제11권 독서법(讀書法)/ 제12권 지수(持守)/ 제13권 역행(力行)'으로 구성되어 있다.

제7권의 '소학'은 어린 아이 혹은 어리석은 사람이 익혀야 할 내용을 담고 있고, 제8권의 '총론위학지방'은 공부법의 전체 맥락을 파악하여 배움의 방책을 제시한다. 제9권의 '지행'은 앎과 행함의 문제, 즉 이론과 실천의 관계를 다루었고, 제10권과 제11권의 독서법은 상하 두 권으로 나누어, 책 읽는 양식과 글 다루는 방법에 대해 구체적으로 일러준다. 제12권의 '지수'는 인간이 스스로 지키고 보존해야할 마음가짐과 몸단속에 관한 내용이고, 제13권의 역행은 인간이 살아가면서 힘써 실천해야 하는 내용이 무엇인지 구체적으로 일러준다. 한 마디로 말하면「학」은 유학이 지향하는 공부의 원리와 원칙, 목적과 과정, 방법과 효과, 실천과 지속에 관한 배움 이론을 체계적으로 제시한, 학문론이자 공부론이다. 그것은 좁은 의미에서는 배움의 철학이자 공부의 철학이지만 넓은 의미에서는 인생철학이나 삶의 철학을 다룬 인간학이다.

아마, 유교의 전통 공부법 전반에 관해 한글로 소개하는 국내 최초의 책일지도 모르겠다. 독자들에게 보다 친근하게 다가서기 위해, 제목을 『옛날 공부책』으로 붙였다. 여기에서 독자 여러분들은 전통 공부 양식을 현대화하고 내 것으로 받아들일 수 있는 계기를 마련할 수도 있다.

옛날 유학의 지성들은 어떻게 공부했을까? 그들이 성현(聖賢)으로 존경받고, 투철한 선비정신을 지닐 수 있었던 교육적 기저에 무엇이 있었을까? 정말 공부는 어떻게 하는 걸까?

이 책은 그런 부분에 대한 진지한 안내서이자 실천적 지침이다. 일생을 가로지르는 '배움'이라는 우리 삶의 물음표에 답하기 위한 유교 전통 지성들의 진정 어린 메시지다.

전통 공부에 관심있는 독자들의 일독을 기대한다.

2017. 8.

남양주 진접 청옹정사(淸瓮精舍)에서

신창호 sudang@korea.ac.kr

차례

제1장

공부의 수준과 단계

이 장은 『주자어류』7권 「학」1의 "어린 아이, 혹은 어리석은 사람의 배움"에 관한 내용을 발췌하여 정돈한 것이다. 어린 아이 시절의 공부에 관한 내용이 핵심을 이룬다. 어린 아이는 미성숙한 수준, 즉 15세 이전의 청소년에 해당되기도 하지만, 인간으로서 '어리석은 사람'을 지칭하기도 한다. 따라서 우주 자연과 인간의 삶 앞에 무지無知하고 불초不肖한 존재로서의 인간이 무엇을 배워야 하는지, 공부 이론의 서막을 보여 준다.

禮樂射御書數 格物致知 孝弟忠信

예악사어서수 격물치지 효제충신

생활예절을 지키고 사람들과 화합하며 체력을 보강하고 글공부를 통해
삶에 필요한 기초를 먼저 다져라. 그렇게 세상 사물의 이치를 찾아
진정한 지식을 확보하면, 윗사람을 섬기고 동류들을 존중하며
자신의 본분에 충실하고 사람들에게 신뢰를 줄 수 있다.

옛날에는 '소학(小學)'에 들어가면 어린 사람이 해야 할 일에 관
해 가르쳤다. 소학은 요즘으로 말하면 대학교에 들어가기 전까
지 배우는 공부의 내용이기도 하고 아이들이 다니는 학교이기
도 하다. 그러니까 오늘날 학교제도와 동일하지는 않지만 초등
학교에서 중등학교 수준에 해당한다고 보면 적절하다.

　소학에서 공부한 내용은 일상에서 지켜야 하는 생활 예절이
나 사람들과 잘 어울리며 화합하는 방법, 활을 쏘거나 말을 몰
고 부리는 법, 글이나 셈하기, 그리고 윗사람에게 효도하고 동
료들을 존중하며 본분에 충실하고 사람들에게 신뢰를 줄 수 있
는 그런 따위의 일이다. 생활 예절에서 셈하기까지는 옛날 말로
'예악사어서수(禮樂射御書數)'라 하였고, 효도에서 신뢰까지는 '효

제충신(孝悌忠信)'이라 했다.

이 소학을 거쳐 16, 17세 쯤 되면, 대학(大學)에 들어간다. 대학에서는 소학에서 공부할 때와 달리, 수준이 상당히 높아진다. 대학에서는 우주와 세상의 이치(理)에 대해 가르쳤다. 소학에서는 일상의 생활 중에서 실제적인 일에 대해 공부했지만, 대학에서는 세계의 이치와 법칙에 대해 공부했다. 예를 들면, 사물의 이치를 탐구하여 지식을 확보하고, 사람으로서 왜 본분에 충실해야 하는지, 사람 사이의 신뢰가 왜 중요한지, 효도나 자애, 존중 등이 왜 필요한지 그 까닭이나 근거를 캐묻는 것이다.

철학적인 개념으로 말하면, 소학이 '형이하학(形而下學)'의 영역이라면 대학은 '형이상학(形而上學)'의 영역을 다루었던 셈이다. 이런 교육의 수준과 단계는 현대사회에서도 마찬가지다. 정상적으로 공부를 한 어린이와 어른, 아동과 성인이 사람과 사물에 관해 인식하는 수준 차이를 보면 쉽게 이해할 수 있다.

誠敬善端發見

성경선단발현

성실과 공경의 자세를 기르며 본래 타고난 착한 마음의 실마리를
차근차근 펼쳐나가라.

옛날 사람들은 소학에 다닐 때부터 사람이 해야 할 여러 가지
일에 대해 스스로 깨우쳤다. 대학에 다닐 무렵부터는 이런 일에
대해 전념하며 몰입했다. 그런데 요즘 사람들은 이런 사실을 제
대로 알지 못하고 있다. 옛날 사람들은 세상 일에 대해 마음 깊
이 터득했다. 때문에 세상을 다스리는 일이 모두 마음에서 우러
나왔다. 그런데 요즘 사람들은 세상 돌아가는 이치를 마음 깊
이 터득하지 못하고, 외형적으로 벌어지는 일 자체만을 인식할
뿐이다.

옛날에는 소학에 다닐 때 어린이들의 마음이 스스로 안정감
을 가질 수 있도록 길러졌다. 그래서 저절로 훌륭한 사람이 될
바탕을 마련했다. 다만 훌륭한 사람이 지닌 많은 지식과 식견
을 기르지 못했을 뿐이었다. 이 어린이가 성장하여 대학에 들어

가면, 세상의 온갖 사물을 탐구하여 많은 지식과 식견을 기를 수 있도록 공부했다.

옛날 사람들은 소학에서 어린이들이 성실과 공경의 자세를 길러 착한 마음의 실마리가 발현되도록 했다. 아직 어린이들이 세상의 이치와 법칙을 깨닫기에는 한계가 있으므로 대학에 들어가 공부하게 했다. 소학은 어린이들이 일상에서 행해야 하는 생활 기술이나 실제적인 일에 대해 직접 터득하는 것이고, 대학은 그런 일상의 일들을 무엇 때문에 그렇게 해야 하는지, 그 이치를 깨우치며 공부하는 것이다.

그러니까 소학에서는 실제적인 일을 배우고, 대학에서는 소학에서 배운 일의 근원이 되는 까닭을 배운다. 예를 들면, 소학에서는 자신이 속한 공동체의 지도자를 섬기고, 부모를 모시며, 형이나 누나, 언니 오빠를 우애로 대하고, 친구를 우정으로 사귀는 등의 일을 배웠다. 그것은 법도에 따라 실천하도록 가르치는 일일 뿐이다. 대학에서는 인간이 왜 그러한 일을 해야 하는지, 그 이치를 구명하여 밝히는 공부를 했다.

莊敬誠實 立其基本 逐事逐物

장경성실 입기기본 축사축물

성실한 자세로 생활에 중요한 기초를 세우고,
어떤 사안이건 그 일에 따라 처리할 수 있는 태도를 기르라.

옛날 사람들은 소학에서 일상생활에 필요한 기본예절을 모두 배웠다. 때문에 성인이 되어도 크게 힘들이지 않고 자연스럽게 생활할 수 있었다. 그것은 앞에서 말한 '예악사어서수'와 같은 일상에서 중요한 일들을 모두 공부했기 때문이다. 그러고 나서 성인이 되면 어릴 때 공부했던 것을 다시 배우지 않고, 그 이치를 연구하고 알아가는 공부를 했다.

그러나 요즘은 어린 시절부터 일상에 필요한 생활 예절을 배우기는커녕 알려고 하지도 않고 실수를 연발한다. 때문에 어린이에게 부족한 부분을 채워주려고 해도 참 어렵다. 어린 시절부터 성실한 자세로 생활에 중요한 기본을 세우고, 어떤 일이건 합리적으로 처리할 수 있는 태도를 길러야 한다. 그렇게 성실한 자세, 합리적 태도를 배우고 나면, 서서히 '예악사어서수' 등을 터득해야 한다.

요즘은 문명이 바뀌어 사어(射御)와 같이 어릴 때부터 활을 쏘고 말을 몰면서 타는 일은 거의 없다. 하지만 예악(禮樂)이나 서수(書數)와 같이 자기의 분수를 지키는 생활 예절이나 사람 사이의 화합과 같은 도덕 윤리 및 정서 교육, 글하기나 셈하기와 같은 지식 공부는 당연히 해야 한다. 이 모두가 일상생활에서 절실하게 쓰인다. 따라서 먼저 자기에게 절실하게 필요한 사항이 무엇인지 깨닫는 것이 공부에서 가장 중요하다.

把敬爲主 收斂身心

파경위주 수렴신심
마음을 깨우치는 '경'공부를 중심으로
몸과 마음을 거두어 들여라.

옛날에는 소학에서 이미 사람으로서 바탕이 저절로 암암리에 길러졌다. 그리하여 어른이 되면, 이미 훌륭한 사람의 바탕이 길러졌기 때문에 그 바탕에다 빛을 내고 가꾸기만 하면 됐다. 그러나 요즘은 사람들이 소학 공부를 완전히 잃어버린 것 같다. 사람들은 자신이 무엇을 해야 하는지, 스스로 깨닫는 '경(敬)'공부를 중심으로 몸과 마음을 수렴할 필요가 있겠다. 그래야 옛날처럼 사람다움으로 나아가는 공부를 할 수가 있다.

옛날 사람들은 소학에서 사람이 어떤 일을 해야 하는지, 실제적인 일을 가르쳤기 때문에, 자연스럽게 마음을 길러서 자기도 모르게 사람다운 모습을 갖춰나갔다. 성장할수록 점차 자신이 맡은 일처리와 주변의 사물에 두루 통달하게 되어, 능통하지 않은 일이 없게 되었다.

요즘 사람들은 자신의 본분을 잃어버리기 일쑤다. 어떤 일을 할 때, 그 일의 본질과 근본이 무엇인지도 모르면서도, 쓸데없이 많은 일을 알려고 한다. 그러면서 임시방편으로 일처리를 하려고 요령을 피운다. 이런 상황을 지속하면, 도리어 자신의 마음을 해치게 된다.

一歲有一歲工夫

일세유일세공부
한 해마다 그 해의 공부가 있듯이,
인생의 과정에 따라 공부의 수준이 다르다.

어떤 사람이 주자(朱子)에게 이런 질문을 했다.

"소학과 대학의 내용은 명확하게 두 가지로 나누어지는 것이 아니라, 소학은 일을 배우는 것이고 대학은 그 이치를 탐구하여, 그 일을 완전하게 하려는 것이 아닙니까?"

그러자 주자가 다음과 같이 대답했다.

"소학과 대학은 하나의 일일 뿐이다. 소학의 내용은 부모를 모시고 어른을 섬기는 것에 대해 배우니, 이런 일을 직접 터득하는 것이 우선이다. 대학의 내용은 그것을 바탕으로 부모를 모시는 까닭이 무엇이고 어른을 섬기는 이유가 무엇인지, 그 이치를 자세하게 구명하는 작업이다. 옛날 사람들은 소학에서 이미 자신의 마음을 잘 길러서 깊고 두터운 훌륭한 바탕을 이루었다. 대학에서는 소학에서 닦은 공부를 바탕으로 약간의 광채를 냈을 뿐이다.

옛날 사람들은 어린 아이가 먹을 수 있고 말할 수 있을 때부터 가르쳤다. 어린 아이는 성장 단계에 따라 공부의 수준이 달랐다. 한 해마다 그 해의 공부가 있었던 것이다. 이렇게 성장한 아이가 20세쯤 되면, 성인의 자질을 충분히 지니게 된다. 그래서 대학은 소학을 바탕으로 광채를 내는 일일 뿐이다.

요즘에는 이런 인식이 모두 어그러져서 옛날 공부 방법을 돌이킬 수는 없다. 현대사회에서 할 수 있는 공부는 상당히 제한적이다. 자기가 살고 있는 자리에 발딛고 자기가 맡은 일을 성실하게 실천하며, 현재 부족한 내용을 채우고 미래에 반드시 해야 할 일의 기반을 다지는 작업이 중요하다.

20세에 깨우쳤다면 바로 20세 때부터 그 자리에서 확고하게 발딛고 서서 자신이 해야 할 일을 실천해 나가야 한다. 30세에 깨우쳤다면 바로 30세 때부터 그 자리에서 확고하게 발딛고 서서 자신이 해야 할 일을 실천해 나가야 한다. 80, 90세가 되어 인생의 말년에 깨우친 것이 있다면, 당연히 그때부터 확고한 생각에 의거하여 견고한 울타리에 머물면서, 힘써 자신의 공부를 해 나가야 한다."

能言能食有敎 虛誕之文 壞其性質

능언능식유교 허탄지문 괴기성질
사람이 먹을 수 있고 말할 수 있을 때부터 가르쳐야 하지만,
수식어가 가득한 문장을 짓는 법부터 가르친다면
그것은 사람의 본성과 자질을 망치는 공부가 된다.

어떤 사람이 다음과 같이 말했다.

"옛날에는 어린 아이가 먹을 수 있고 말할 수 있을 때부터 가르쳤다. 자신이 활동하는 공간이 더럽혀지면 청소하고, 사람이 부르면 그것에 응낙하고 대답하는 태도에 이르기까지 기본적인 예절을 모두 익혔다. 그러므로 그런 아이가 어른이 되었을 때, 생활 예절이나 사람의 도리에 대해 아이들에게 말해주기가 쉬웠다.

그러나 시대가 많이 달라졌다. 요즘 사람들은 어릴 때부터 대구(對句)로 된 아주 짧은 시(詩) 짓기를 가르치고, 조금만 크면 수식어 가득한 문장 짓는 법을 가르친다. 일상의 기본예절이 바탕이 되지 않은 이런 지식 공부는 모두 어린 아이의 본성과 자질을 망치는 짓이다."

不可不得之心 窮究盡處

불가부득지심 궁구진처

어떤 일이건 이해하지 못한다는 마음을 가지지 말고,
끝까지 탐구하는 자세로 공부하라.

어떤 사람이 주자에게 물었다.

"저는 요즘『대학』을 보고 있습니다.『소학』의 내용 가운데 아직도 이해하지 못한 곳이 있다면,『대학』을 보기 전에 그것을 먼저 이해해야 합니까?"

주자가 대답했다.

"대학과 소학의 내용을 함께 공부해도 무방하다. 배우는 사람은 글을 대할 때, 일반적으로 얼마나 이해할 수 있을지를 생각한다. 이때 끝내 이해하지 못할 것이라는 마음을 가져서는 안 된다. 반드시 자기 나름대로의 계획과 체계를 세워 모두 이해하도록 해야 한다. 내용을 이해하는 정도는 그 사람의 재주와 태도가 어떠한가에 달려 있을 뿐이다.

『관자』「제자직」에 보면, "배운 것을 익히며 최선을 다 한다"

라고 했는데, 이는 공부한 후에 반드시 그 내용과 의미를 끝까지 탐구하는 태도와 자세를 말한다. 또 "교만하게 자신의 힘을 믿지 말라"라고 했는데, 이것은 자신의 힘에만 의지하여 함부로 다른 사람을 무시하고 소외시키는 일이다.

옛날 사람들은 어린 시절부터 인간이 실천해야 할 훌륭한 도리를 공부하며 그 도리를 숭상했다. 겉으로 보이는 힘만을 추구하거나 자랑하는 일에 대해 매우 경계하는 공부를 했다.

제2장

'공부, 라는 인생의 큰 길

이 장은 『주자어류』8권 「학」2의 "배움의 양식에 관해 총괄적으로 논의한 글"을 발췌하여 정돈한 것이다. 공부의 원리 원칙과 방법을 원론적 차원에서 제시하는 동시에 구체적인 사례를 들어 그 길을 안내한다. 공부에는 길이 없는 것처럼 보이지만, 사실 그 길은 없는 것이 아니라 너무나 분명하다. 단지 사람들이 제대로 인식하지 못하고 있다. 인간은 어떤 삶의 길을 가야 하는가? 그 유학적 배움의 전반적 내용이 전개된다.

飢食渴飮 若大路然 人自息之

기식갈음 약대로연 인자식지
공부는 배고플 때 먹고 목마를 때 마시는 것과 같고, 큰 길과도 같다.
그런데도 사람들이 스스로 하지 않는다.

"공부에 왕도가 없다!"라고 하듯이, 옛날 공부의 방법은 너무나 넓고 커서 끝이 없다. 그러나 공부의 방법은 아주 치밀하고 미묘하다. 공부하여 훌륭한 사람이 된 성현(聖賢)의 말씀은 아주 분명하고 구체적이다.

공부의 방법은 "배고플 때 먹고, 목마를 때 마시는 것과 같다!" 그렇게 하여 공부의 절대 경지에 도달한 최고의 고수에게는 일반인들이 도달하기 어려운 높고 아득한 차원도 있고, 보통 사람과 같이 평이하고 실제적인 측면도 있다.

공부의 방법은 대체로 큰 길과 같다. 어찌 그 길로 가는 것이 어렵겠는가! 사람들이 그 길로 가지 않는 것이 가장 큰 문제다. 공부의 길, 그 자체는 한 번도 멈춰 선 적이 없다. 사람들이 스스로 하지 않고 중지했을 뿐이다. 공부의 길이 사라진 것이 아니라, 인간답게 살지 않는 사람들이 그 길을 따르지 않은 것이다.

日用工夫 甚覺淺近

일용공부 심각천근
평소의 공부는 아주 평이하며,
그 속에 이미 진리를 품고 있다.

훌륭한 스승의 문하에서 날마다 실천하는 공부는 아주 평이한
것 같다. 하지만 그 평이한 이치를 미루어 가면 세상의 이치를 포
괄하지 않는 것이 없고, 우주의 도리를 관통하지 않는 것이 없다.
평이한 이치를 넓게 확충해 가면 우주 천지만큼 넓고 커질 수가
있다. 그러므로 평범한 보통 사람이 세상에서 가장 훌륭한 성인
(聖人)이 되고 현자(賢者)가 될 수 있다. 우주 자연이 항상 제자리
를 잡고 세상 만물을 길러 가는 것은 다름 아닌 이 하나의 이치
때문이다.

中正和平 無所偏倚

중정화평 무소편의
훌륭하게 잘하는 공부는 한쪽에 치우치지 않고 중심을 잡으며,
조화롭고 공평하게 이루어진다.

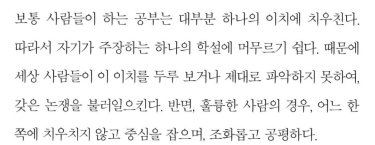

보통 사람들이 하는 공부는 대부분 하나의 이치에 치우친다. 따라서 자기가 주장하는 하나의 학설에 머무르기 쉽다. 때문에 세상 사람들이 이 이치를 두루 보거나 제대로 파악하지 못하여, 갖은 논쟁을 불러일으킨다. 반면, 훌륭한 사람의 경우, 어느 한쪽에 치우치지 않고 중심을 잡으며, 조화롭고 공평하다.

이때 훌륭한 사람이 말하는 중심을 잡는 공부는 한결같다. 단지 "착한 일을 골라하여 굳건하게 지키는 것"일 뿐이다. 이를 『논어』에서는 "생활에 필요한 예절을 배우고 상황에 맞게 익힌다"라는, 그 유명한 "학이시습(學而時習)"이라 했고, 『맹자』에서는 "착한 일을 구명하여 내 몸을 성실하고 충실하게 닦는다"라고 했다.

彼此之勢 各自不同

피차지세 각자부동
공부는 이것과 저것의 상황에 따라,
제각기 다르게 진행되어야 한다.

공부의 길에는 각각의 경우가 있다. 따라서 자기주장만을 강변하거나 한쪽 측면만을 부각하여 말해서는 안 된다. 여기 있을 때는 이렇게 말하고, 저기 있을 때는 또 저렇게 말해야 한다. 왜냐하면, 손님과 주인의 입장이 다른 것처럼, 이것과 저것의 상황에 따라 공부의 길이 제각기 다르기 때문이다.

尋究道理 頭頭著落

심구도리 두두착락

어떤 내용이건 그 이치를 끝까지 탐색하고 구명하라.
그렇게 공부해가면 자연스럽게 하나하나의 귀착점에 도달하리라.

보통 사람은 공부를 할 때, 배우는 내용의 핵심을 얻지 못할까
걱정한다. 하지만 배우는 내용과 의미를 끝까지 탐색하고 구명
해가다 보면, 자연스럽게 하나하나의 귀착점에 도달하게 되고,
두루 관통하여 꿰뚫리며, 제각기 조리가 있게 된다. 그렇게 하
지 않는다면, 공부하는 도처에서 수시로 막히게 될 것이다. 보
통 사람은 공부를 하면서 자신의 마음을 어떻게 지킬 수 있는
지 자기 나름의 방법을 말한다. 하지만, 자기가 배우는 내용의
핵심을 파악하지 못하기 때문에, 공부를 통해 무엇을 지켜야 할
지를 모른다. '마음의 확충(擴充)', '몸소 체험(體驗)', '자질 함양
(涵養)' 등등 여러 가지 좋은 말을 골라서 하지만, 그것은 실제로
쓰이는 곳이 있어야만 의미가 살아난다. 그래서 옛날부터 공부
의 길에 서서 늘 하는 말이 있다. "본령(本領)에서 이해하라!" 이
말은 공부의 방법을 인도하는 단말마 같은 외침이리라.

先理會大 小自然通

선리회대 소자연통
전체적인 큰 틀을 이해하면,
작은 부분들은 자연스럽게 통하게 된다.

공부를 할 때는 반드시 먼저 전체적인 틀을 이해해야 한다. 전체적인 큰 틀을 이해하고 나면, 그 안의 작은 부분들은 자연스럽게 훤히 통하게 될 것이다. 요즘 사람들은 전체적인 큰 틀을 이해하지 못하고, 단지 안에 있는 조그마한 부분들만 찾고 있다.

공부를 할 때는 반드시 전체적인 틀에 나아가야 유익함이 있다. 전체적인 큰 틀을 이해하고 파악한 후, 저 수많은 사소한 부분들이 단지 하나의 길로 통한다는 것을 안다면, 정말 기쁨을 만끽할 것이다. 물론, 사소한 것들도 이해해야 한다. 하지만 큰 틀을 확실하게 이해하지 못했다면, 사소한 것들을 조금 이해했다 하더라도 진정으로 만족감을 느낄 수가 없다.

그렇다면, 전체적인 틀, 큰 틀이란 어떤 것인가? 엄밀하게 생각해 보면, 세상에는 오직 하나의 도리만이 존재한다. 공부는 이 하나의 도리를 이해하는 것이 목적이다. 이 하나의 도리를 명확하게 알기만 하면, 우주 자연의 이치와 인간의 욕망, 의리와 이익, 공평함과 사사로움, 선과 악의 구분 등 세상의 수많은 사안에 대해 통하지 않는 것이 없다.

大道分明 偏處自見

대도분명 편처자현

큰 틀에서 분명하게 알면,
치우친 곳은 저절로 드러나게 된다.

어떤 사람이 주자에게 물었다.

"기질이 한쪽으로 치우친 사람이 있다면, 그를 어떻게 구제해
야 합니까?"

주자가 대답했다.

"'어떤 사람의 기질이 한쪽으로 치우쳤'고만 말하면, 그 사
람의 치우친 점만을 고치는데 집착할 수 있다. 치우쳐 있어 공
평하지 않고 바르지 않다고 생각하면 할수록 문제의 핵심이 드
러나지 않는다. 중요한 것은 그 사람 전체가 어떠한지 큰 틀에
서 분명히 아는 일이다. 그렇게 하면 그 사람의 치우친 곳이 저
절로 드러나게 된다.

이는 깜깜한 방에서 물건을 찾을 때, 손전등을 가져오면 환
하게 보여 바로 찾을 수 있는 것과 같다. 깜깜한 방에서 손을

더듬어 물건을 찾으려 한다면, 온 마음으로 힘을 다 쓰더라도 더듬기만 할 뿐, 쉽게 물건을 찾지는 못할 것이다. 큰 틀에서 어떤 사람의 특성을 분명하게 안다면, 기질이 치우쳐 있어 단점이 있더라도, 공부를 하는 데 큰 힘을 들일 필요 없이, 자신도 모르게 저절로 변화하는 모습을 경험할 수 있다."

成己成物 推出義理

성기성물 추출의리

자신을 완성해야 타자를 완성하는 데 기여할 수 있고,
그것을 통해 사람의 길에 부합하는 공부의 맥락을 끄집어 낼 수 있다.

공부의 방법은 매우 단순하다. 먼저 자신을 완성해야 한다. 그래야만 비로소 자기 이외의 다른 사람들도 완성할 수 있는 기반을 마련한다. 다른 사람들을 완성하는데 기여하는 것은 자신을 완성하는 데 달려있다. 자기완성을 기반으로 점차 다른 사람에게 영향력을 미쳐나가야만 의리상 공부의 길에 부합할 수 있다.

위대한 스승들의 수많은 언표들은, 사람들이 우선 가까운 곳에서부터 공부해 나가도록 가르친 것이다. 예를 들어, 대청마루와 큰 복도를 청소하는 일은 작은 방을 청소하는 데서 시작한다. 작은 방을 깨끗하게 청소했다면 큰 곳도 그러할 것이다. 큰곳이 계발되지 않았다면, 그것은 작은 곳에 마음을 다하지 않았기 때문이다. 공부하는 사람이 높은 곳만을 탐내고 먼 곳만을 사모하여, 낮은 곳과 가까운 곳에서부터 공부해 나가려고 하지 않는다면, 어떻게 큰 것을 이해할 수 있겠는가!

그런데 요즘 사람들은 자신의 마음에 두고 있는 일에 대해서는 스스로 실천한 적도 없으면서, 다른 사람의 일에 끼어드는 경우가 많다. 이것은 단지 재주가 뛰어나서 지적 능력으로만 다른 사람의 문제를 해결하는 데 개입한 것일 뿐이다. 그러기에 『중용』에서 "혼자 있을 때에 삼가고, 말을 삼가고, 행동을 삼가라"라고 하였다. 작은 것은 큰 것의 척도다. 반드시 행동을 삼가고 말을 삼가며, 조그마한 곳에서부터 시작해야만 큰일을 충분히 해낼 수 있다.

知學問 無所欠闕

지학문 무소흠궐
자신이 스스로 묻고 배울 줄 알아야,
공부에서 빠뜨리는 내용이 없으리라.

공부 방법의 핵심은 묻고 배우는 것이다. 흔히 말하는 질의응답
(質疑應答)의 과정, 문답법(問答法)으로 볼 수 있다. 공부하는 사
람은 자신이 스스로 묻고 배워야 한다. 이른 바 자문자답(自問自
答)이다. 스스로 묻고 배울 줄 모른다면 자신이 가진 것을 빠뜨
리는 격이 된다. 묻고 배우는 과정에서 자신의 장단점을 파악할
수 있다. 즉 스스로 묻고 배울 줄 알아야만 비로소 자신이 가진
것을 빠뜨리는 일이 없게 된다.

　요즘 사람들은 묻고 배우는 것을, 다른 사람이 자기에게 보
태주는 것으로 생각한다. 즉 자기가 다른 사람에게 물으면 다
른 사람이 자신에게 해답을 주는 것으로 여긴다. 묻고 배우는
것은 그것이 아니다. 자기가 자신에게 묻고 답하며 공부하는
작업이다.

聖賢己任 聖賢稟性 常人一同

성현기임 성현품성 상인일동
최고의 인격자가 되는 것은 공부의 궁극 목적이다.
최고의 인격자나 보통 사람이나 타고난 품성은 동일하다.

　모든 인간의 모범이 되는 훌륭한 사람, 즉 성현(聖賢)은, 사람으로서 마땅히 해야 할 일을 다 한 사람일뿐이다. 지금 보통 사람이 그런 훌륭한 사람을 꿈꾸는데, 그것은 충분히 이룰 수 있는 일이다. 절대 능력에서 벗어나는 일이 아니다.

　그러므로 옛날 사람들은 공부의 궁극 목적을 그것에 두었다. 반드시 세상에서 가장 모범적인 훌륭한 사람, 성현이 되는 것을 자기 공부의 임무로 삼았다. 세상의 보통 사람들은 대부분 성현을 아주 높은 사람이라고 여기고, 자신은 아주 낮추어 본다. 그렇기 때문에 성현의 경지로 나아가려고 하지 않는다. 만약 성현이 본래부터 아주 높은 지위에 있고 이미 보통 사람과는 다른 부류의 사람이라면, 그가 밤낮으로 쉬지 않고 힘쓰는 것은 나와는 별개의, 내 분수 밖의 일이다. 그러므로 그런 일에 대한 것은 우리 보통 사람은 전혀 신경 쓰지 않아도 된다.

문제는 성현이 품부 받은 본성이다. 옛날 사람들은 성현의 본성을 보통 사람의 본성과 같다고 생각했다. 이것이 중요하다. 성현의 본성이 보통 사람의 그것과 같은데, 어찌 사람들이 성현이 되는 것을 자신의 임무로 삼지 않을 수 있겠는가? 인간의 역사가 존재한 이래, 수많은 사람들이 태어났지만, 자기를 완전하게 이루려는 사람은 천 명이나 만 명 가운데 한두 사람도 안 된다. 대부분의 사람은 세상살이에 그냥 휩쓸려 한 평생을 보낼 뿐이다.

요즘 공부하는 사람들은, 세상 만물 가운데, 자신의 존재 이유가 무엇인지, 왜 세상을 살아가는지 그 준거를 찾지 못하는 경우가 종종 있다. 유교에서는 사람의 본성을 본래부터 착한 것으로 생각한다. 그런데 세상 사람들이 즐기는 욕망에 빠지고, 좋아하는 것에 홀리고, 이익을 쫓아다니다 보니, 그 본성이 하나같이 어두워져 나쁜 것으로 전락하기 쉽게 되었다.

성현은 자신이 타고난 착한 본성을 제대로 펼칠 수 있다. 우리 보통 사람도 마찬가지다. 세상에서 가장 총명한 일을 모두 듣고 세상에서 가장 밝은 일을 모두 보아, 그것을 모범으로 삼아, 자식으로서는 효도를 다하고, 공동체 조직의 구성원이 되면 그 공동체에 충실히 임하는 것, 그것이 마땅히 해야 할 일을 다하는 성현의 모습이다. 그러한 자기 수양을 위한 공부는 다른 사람과 전혀 관계가 없다. 훌륭한 사람의 수많은 가르침은 보통 사람들이 원래 지니고 있는 착한 품성을 돌이켜 자신의 본성 회복에 힘쓴 결과일 뿐이다.

學者立志 須敎勇猛

학자입지 수교용맹
공부를 제대로 하려는 사람은 반드시 자기 인생의 뜻을 세워
용맹하게 공부해 나가야 한다.

공부하는 사람은 '뜻을 세우는 일'이 가장 중요하다. 뜻을 세우는 일은 세상에 회자되는 '입지(立志)'다. '뜻을 세운다'라고 할 때, '뜻'은 의지(意志)나 기개(氣槪)처럼 다른 사람을 압도하는 어떤 행위를 말하는 것이 결코 아니다.

옛날 사람들은 전설상의 최고 성현인 요임금과 순임금의 행위를 배우려고 했다. 이때 배움의 요점은 어떤 작위적 행동 없이, 단지 '본성이 착하다'는 경지를 온전하게 실현하는 일이다. 요임금과 순임금이 착한 본성을 최고조로 달성했기 때문이다.

공부하는 사람은 반드시 뜻을 세워서 용맹정진(勇猛精進)해야 한다. 그러면 저절로 발전이 있을 것이다. 용맹정진하려는 뜻이 부족하다면, 이것이야말로 공부하는 사람에게 가장 큰 병폐다.

보통 사람의 공부가 훌륭한 성현의 공부와 같지 않은 데는

충분한 이유가 있다. 성현의 공부는 곧바로 신실하게 실천해 나가는 것이 특징이다. 마음을 올바르게 하는 일에 대해 말하면 곧바로 마음을 올바르게 했고, 뜻을 성실하게 하는 일에 대해 말하면 곧바로 뜻을 성실하게 했으며, 몸을 닦고 나라를 다스리는 일에 대해 말하면 곧바로 그대로 실천했다.

그런데 요즘 공부하는 사람들은 '마음을 올바르게 하는 일'에 대해 말하면, 단지 '마음을 올바르게 한다'라고 입으로 잠깐 동안 읊조리기만 한다. '뜻을 성실하게 하는 일'에 대해 말하면, 또 단지 '뜻을 성실하게 한다'라고 입으로 잠깐 동안 읊조리기만 한다. '몸을 닦는 일'에 대해 말하면, 또 성현이 수신(修身)하는 일에 관한 수많은 말들을 암송만 할 뿐이다. 때로는 성현이 한 말들을 주워 모아 시류에 편승하는 글을 짜깁기한다. 이런 공부가 자기 자신의 인생을 살찌우는 것과 무슨 상관이 있겠는가?

공부하는 사람은 이런 점에 대해 주의 깊게 성찰해야 한다. 요즘 공부하는 친구들은 옛날 성현들이 공부한 것과 학문에 대해 정말 즐겨 듣는다. 하지만 세상에서 유행하는 다양한 욕망의 유혹을 벗어나지 못한다. 그 이유는 다른 데 있지 않다. 공부하는 데 뜻이 제대로 서지 않았기 때문이다.

공부에서 뜻을 세우지 않을 경우, 재미있는 현상이 벌어진다. 뜻을 세우지 않은 존재들은 아주 여유 있는 삶을 즐긴다. 요즘 사람들이 여유 있게 지내는 까닭은, 공부를 하나의 중요한 일로 여기지 않기 때문이다. 어떤 일에 맞닥뜨리면 진지하게 고민하지 않고, 대충 아무렇게나 처리해 버리는 경우가 많다. 이는 정말이지, 공부하는데, 자기 인생에서 뜻이 서지 않았기 때문이다.

不要等待

불요등대

진정으로 공부하는 사람이라면, 기다리지 말라.
당장 시작하라!

공부할 때는 반드시 보통 사람의 수준을 넘어, 훌륭한 사람인 성현의 경지에 들어가게 되는 까닭에 대해 생각해야 한다. 과거에는 평범한 시골 사람이었는데, 어떻게 하여 현재나 미래에 성현이 될 수 있겠는가! 반드시 분발해야만 진전이 있을 것이다! 공부를 할 때는 반드시 현재의 삶이 올바르고 과거에 저지른 행위들은 잘못이라는 것을 깨달아, 날마다 고쳐가고 달마다 변해야 보다 큰 진보가 있다.

요즘 공부하는 사람들은 전혀 분발하지 않는다. 공부를 해도 진전이 없다면, 그것은 단지 용맹정진 하지 않았기 때문이다. 공부할 때 단순하게 스승이나 동료에게만 의존해서는 안 된다.

그리고 무엇보다도 기다리지 말라! 당장 시작하라!

요즘 사람들은 공부할 때, 곧바로 착수하지 않고, 늘 기다리려고 한다. 예를 들어, 오늘 아침에는 급한 일이 있어 공부를 시작할 수 없었지만, 낮에 일이 없다면 낮에 바로 착수할 수 있다. 낮에도 급한 일이 있어 공부를 시작할 수 없었지만, 저녁에 일이 없다면 저녁에 바로 착수할 수 있다. 그런데도, 반드시 내일을 기다리려고 한다.

이번 달에 아직 여러 날이 남아 있는 데도 반드시 그저 다음 달을 기다린다. 아직도 올해가 여러 달이 남아 있는 데도 공부는 하지 않고, "금년은 얼마 남지 않았으니 내년에 해야겠다!"라고 말한다. 이렇게 공부해서, 무슨 성장을 기대하겠는가! 편안히 앉아서 저절로 공부되기를 기다려서는 절대 공부가 되지 않는다. 다른 사람이 애써 공부한 것을 함부로 자기 것으로 만들려는 수작은 절대 용납될 수 없다.

自家裏面 講究工夫

자가리면 강구공부
자신의 내면에서 성찰하고 깨치며 공부하여,
스스로 알려고 노력하라.

공부를 할 때는 총명한 자질을 지녔더라도, 반드시 우둔하게 해야 된다. 우둔한 자질을 지니고 있으면서, 오히려 총명한 자질을 지닌 사람처럼 공부한다면 무엇을 어떻게 얻을 수 있겠는가!

요즘 사람들은 도대체 공부하려고 하지 않는다. 공부할 내용이 어렵다고 느껴지면 하지 않으려 하고, 스스로 할 수 없다고 생각하면, 공연히 그것을 다른 사람에게 양보하는 척하며 미룬다. 마치 소송에서 재판을 제대로 해 보지도 않고 그냥 물러나는 것과 같다. 재판에서 따져보지도 않고 판결을 달게 받아들이고 물러나는 것처럼, 스스로 공부해서 극복하려고 하지 않는 것이다.

공부할 때 명심할 부분이 있다. 자신에게 분명하게 이해시켜

주는 사람이 없다고 탓하지 말라! 반드시 자신의 내면에서 따지고 깨치며 공부하여 스스로 알려고 해야 한다. 공부의 과정은 작게 잡되, 실제 공부는 크게, 많이 해야 한다. 부지런히 하되, 공부하는 기한은 여유를 두어야 한다.

먼저 공부의 내용을 이해하는데 중점을 두고 인식해 나가고, 결과를 예측하며 우선 따지지 말아야 한다. 공부의 효과를 얻는 데만 신경쓰면, 마음은 여러 갈래로 나뉘어져 헷갈리고 머리는 저속해진다. 공부의 과정을 엄격하게 잡고 생각을 여유 있게 한다면, 시간이 지난 뒤에 자연스럽게 공부의 참맛을 알게 된다. 그러므로 공부의 결과를 빨리 성취하려고 해서는 안 된다. 아침부터 저녁까지, 언제 어디에서나 공부하는 때가 아님이 없다.

工夫斷絶 更增工夫

공부단절 갱증공부
공부가 중단되려고 할 때,
더욱 힘써 공부하여 전력을 다하라.

공부를 할 때는 반드시 그 시점을 잘 파악해야 한다. 배를 타고 가다가 노를 저을 필요가 있는 곳에서는 전력을 다해 저어 나가야 하듯이, 공부도 그런 지점을 충분히 고려해야 한다. 공부가 중단되려고 하면 더욱 힘써 공부하고, 전력을 다해 넘어지지 않아야 한층 진보가 있다.

공부하는 일은 배를 타고 급한 물살을 거슬러 올라가는 것과 같다. 물살이 고요한 곳에서 배는 힘들게 노를 젓지 않아도 얼마든지 나아갈 수 있다. 그러나 여울이나 급류에 이르게 되면 사공은 노 젓기를 늦추어서는 안 된다. 전력을 다해 물살을 거슬러 올라가야 한다. 한 걸음이라도 늦추어서는 안 된다. 한 걸음이라도 물러난다면, 이 배는 물살을 거슬러 올라가지 못할 것이다!

공부하는 것은 대장간에서 쇠를 불에 달구어 두드리는 단련에 비유할 수 있다. 반드시 먼저 아주 높은 온도의 숯불로 단숨에 달군 뒤, 약한 불로 차근차근 쇠를 달구어야 충분히 단련할 수 있다. 요즘 사람들은 아주 높은 온도의 숯불로 달구지도 않고, 곧바로 약한 불로 달구려고 하니, 어떻게 공부가 제대로 될 수 있겠는가!

學脈路正 剛決向前

학맥노정 강결향전
길을 바르게 파악하고,
굳세고 과감하게 전진하라.

공부하는 사람은 그 길을 바르게 알아야 한다. 올바른 길을 파악했다면 반드시 굳세고 과감하게 앞으로 향해 나가야 된다. 공부를 하면서 그 길을 희미하고 모호하게 안다면, 인생에서 무슨 이익과 효과를 볼 수 있겠는가? 공부하는 사람이 자기 수양을 하지 않기 때문에, 공부를 하면서도 올바른 도리에 마음을 두는 시간이 적고, 쓸데없는 일에 마음을 두는 시간이 많다. 그래서 올바른 도리에 대해서는 생소하고 쓸데없는 일에 대해서는 익숙하다.

요즘 공부하는 사람들이 긴급하게 확인해야 할 것이 있다. 우선, 자기가 하고 있는 공부가 올바른지 그른지를 분별하는 작업이다. 특히, 자기 수양을 위한 공부와 남에게 보여주기 위한 공부가 어떻게 다른지 그 갈림길을 구별하는 일이다.

옛날 사람들은 자기 수양을 위한 공부를 위기지학(爲己之學)이라 했고, 남에게 보여주기 위한 공부를 위인지학(爲人之學)이라 했다. 자기 수양을 위한 공부는 세상의 이치와 사물의 법칙을 진지하게 탐색하고 스스로 이해하려는 것이지, 제멋대로 이해하거나 그럴 듯하게 이해하고, 자기는 '이미 이해했다!'라고 허세를 부리며 다른 사람에게 자랑하는 것이 아니다. 그렇게 하면, 설령 충분히 이해했다 하더라도, 자신이 실제 하려는 일과는 아무 상관없는 공부가 된다. 반드시 이 위기지학 공부의 길을 먼저 이해해야 한다. 위기지학과 위인지학의 길이 분별되었을 때, 비로소 글을 제대로 이해할 수 있다.

不過切己 體認省察

불과절기 체인성찰
자신에게 가장 절실한 것을,
마음 깊이 받아들이고 성찰하라.

공부를 할 때는 반드시 자신을 위해 절실하게 해야 한다. 그러면 마음이 안정되고 행실이 착실해져 세상의 이치를 잘 탐색하여 정확히 파악할 수 있다. 어떤 내용을 조금 알았다고 경박하게 과시한다면, 어떻게 그 많은 세상의 이치를 제대로 탐구할 수 있겠는가? 설령, 세상의 이치를 탐구하고 말할 수 있다고 해도, 정확하게 파악하여 간직할 수는 없다.

공부의 길로 들어선다는 것은 자신을 그 길로 들어가게 하는 일이다. 공부와 자신이 점점 가까워지고, 오랜 시간이 흐른 뒤에 공부는 자신과 하나가 된다. 그런데 요즘 사람들은, 공부는 여기에 있는데, 자신은 저 바깥에 있어 서로 전혀 관계가 없는 듯하다.

어떤 사람이 주자에게 물었다.

"도대체 공부는 어떻게 하는 겁니까?"

그러자 주자는 이렇게 대답했다.

"그건 정말 간단하다. 하려는 공부가 자신에게 얼마나 절실한지 파악하고 간절하게 하면 된다. 공부를 한다는 것은 원래 큰 강령이 있고, 또한 자세한 조목도 있다. 큰 강령을 늘 내 마음에 간직하고 있다면, 자세한 조목에 이르기까지 공부에 적합하지 않는 것이 없다. 마음 깊이 받아들이고 성찰하여 조그마한 것도 잃어버리지 않아야 한다. 세상 이치에 밝아지고 공부가 충실해지면 세상일들이 모두 자신의 것이 된다. 그래도 공부하는 데 순서나 차례는 있다."

이어서 또 물었다.

"공부하는 순서나 차례는 어떤 것입니까?"

주자가 다시 대답했다.

"이 공부를 먼저하고 저 공부는 나중에 한다. 또는 이 공부는 중요하고 저 공부는 사소하다. 등등, 공부에 대해 의도적으로 그렇게 정해서는 안 된다. 사람마다 하는 공부가 다를 수 있다. 공부의 특성에 따라, 쉬운 것을 먼저 하고 어려운 것을 남겨 둬라. 공부가 충실하게 쌓이면 어려운 것도 자연스럽게 이해할 수 있게 되리라.

예를 들어, 책을 읽을 때, 어떤 책에는 밝히기 어려운 내용도 있고, 핵심 내용이 파악되지 않거나 결말을 알기 어려운 경우도 있다. 정말 이해되지 않는 것은 잠시 그냥 두어도 된다. 기초적인 내용을 담고 있는 책의 경우, 먼저 이해해야 한다. 그러나 그런 책에도 간혹 이해하기 어려운 내용이 들어 있다. 그때는 반드시 알아야 할 내용을 중심으로 읽어 보라. 그러면 조금씩 글 읽는 맛, 공부의 참 의미가 드러날 것이다.

책을 읽으며 공부할 때, 사람들이 공부의 순서나 차례에 대해 신중하게 생각하지 않는 경우가 있다. 신중하게 생각한다면, 그 속에 어느 정도 공부의 순서나 차례가 들어 있다. 그러니 반드시 신중하게 생각하고 탐구해라. 그래야 깨치게 된다.

모든 일이 그러하지만, 공부를 할 때도 올바르고 타당한 방법이 있다. 단지 사람들이 스스로 찾아 내지 못하고 수많은 공부법에 휩쓸릴 뿐이다. 그런 상황에서는 공부를 한다 해도, 공부한다는 자체에 이끌려, 정작 자신이 해야 할 공부에 어긋날 때도 있다. 그것 역시 공부에 소홀하기 때문에 그렇게 되는 것이다. 자신의 공부를 충실히 하는 것이 중요하다.

大本不立 小規不正

대본불립 소규부정
큰 부분인 근본이 서지 않으면,
작은 부분인 여러 가지 규칙이 바르게 되지 않는다.

공부하는 사람에게 공부하고 있는 내용을 이해할 수 있게 해주는 지름길은 없다. 널리 배우고 많은 것을 경험하는 수밖에 없다. 그래야만 통달할 수 있다. 공부를 하면서, 조그마한 강물을 하나 건넜다고 곧바로 쉬어서는 안 된다. 세상에는 큰 강과 큰 하천이 많이 있다. 조그만 웅덩이를 하나 가지고 있으면서 물이 오직 여기에만 있다고 생각해서는 안 된다.

나무에 비유해 보자. 공부하는 사람에게 공부의 뿌리가 있다면, 수많은 가지와 잎들이 모두 여기에 모일 것이다. 그렇게 되면, 어떤 공부를 해도 쉽게 이해되고 쉽게 기억된다. 공부의 뿌리가 생명력이 없으면 어떤 공부를 해도 공부가 뻗어갈 수 없다. 이럴 때는 가지와 잎을 잘라 내고 뿌리를 배양해야 한다.

虛心順理

허심순리
욕망으로 찬 마음을 비우고
세상의 보편적 이치에 따르라.

공부를 하다가 자기 스스로 자신의 뜻에 만족할 수 없는 경우가 있다. 이런 상태에서 어떻게 다른 사람이 나의 뜻에 완전히 만족할 수 있겠는가! 이때는 마음을 비우고 올바른 방향을 따르는 것이 상책이다. "마음을 비우고 이치에 따르라!" 허심순리(虛心順理)! 공부하는 사람에게는 이런 자세가 필요하다.

요즘 사람들은 공부를 하면서, 사람들이 보편적으로 공인하는 일상의 도리에 맞게 평이하게 해야 한다고 말한다. 하지만, 그 평이한 곳에 제대로 안착하기가 얼마나 어려운 일인지를 알지 못한다. 아집이나 고집, 옛날 습관에 얽매여 있는데, 어떻게 그것을 떨쳐 버리고 평이할 수 있겠는가?

이는 글을 짓는 작업에 비유할 수 있다. 화려하고 기발하게 꾸미는 글은 쓰기 쉽다. 하지만, 평이하고 담백하게 글을 쓰는 일은 어렵다. 반드시 화려하고 기발하게 꾸미는 글쓰기에서 벗어나야, 평이하고 담백한 글을 지을 수 있다.

切去外心 打疊得盡

절거외심 타첩득진
바깥으로 향하는 마음을 완전히 끊고,
온 힘을 다해 분발하라.

공부하는 사람은 바깥으로 이끌리는 마음을 완전히 제거해야
한다. 10%의 마음이 자신의 내부로 향하면 10%의 힘을 얻고,
20%의 마음이 자신의 내부로 향하면 20%의 힘을 얻는다. 이런
방식에 의거하여 전심전력으로 분발해야 발전이 있다.

세상의 일 가운데 많은 것들이 전도되고 미혹되고 탐욕과 집
착에 빠져 있다. 정말 웃기는 일들이 여기저기서 벌어진다. 어쩌
면 세상은 희극(戲劇)의 바다다. 진실로 눈 뜨고 볼 수 없는 광
경을 자아내기도 한다.

이런 세상의 일은 순식간에 변화하여 없어졌다 생기고 생겼
다 없어진다. 변화무쌍하다. 때문에 모두 가슴에 담아 둘 것이
못 된다. 오직 세상의 이치를 탐구하고 자신을 수양하는 것만
이 옛날 공부의 궁극이었다.

제3장

아는 것과 행하는 것

이 장은 『주자어류』9권 「학」3의 "아는 것과 행하는 것을 논의한 글"에서 발췌하여 정돈하였다. 앎과 행함, 이른바 이론과 실천의 문제는 공부의 알파와 오메가를 가름하는 일종의 열쇠다. 지식의 확보도 중요하지만 그것을 어떻게 효과적으로 활용하고, 삶에서 행하느냐의 문제가 내용의 핵심이다. 인간의 인식과 실천의 관계를 명확하게 정돈하는 동시에 아는 것과 행하는 것이 공부에서 어떤 자리를 차지하는지 구명한다.

知行相須 先知重行

지행상수 선지중행
아는 것과 행하는 것은 서로 필요하다. 선후로 따지면 아는 것이 먼저이고,
경중으로 따지면 행하는 것이 중요하다.

아는 것과 행하는 것, 즉 지식의 확보와 행위의 실천은 늘 서로를 필요로 한다. 그것은 마치 눈은 발이 없으면 가지 못하고 발은 눈이 없으면 보지 못하는 것과 같다. 먼저 할 것과 나중에 할 것을 구분하는 차원에서 선후(先後)로 따지면 아는 것이 먼저이고, 무엇이 중요하고 덜 중요한지 경중(輕重)으로 따지면 행하는 것이 중요하다.

아는 것과 행하는 것에 대해 따지면서, 어떤 것을 알면서도 행위가 그에 미치지 못했다면, 그것은 아는 것이 얄팍하고 아직 제대로 알지 못했다는 소리다. 어떤 내용에 대해 직접 경험했다면 그것을 아는 정도가 더욱 밝아져서 처음에 알고 있던 것과 상당히 의미가 다르게 느껴진다.

切磋琢磨 學問思辨

절차탁마 학문사변
자르고 다시 다듬고 쪼고 또 갈며 배우고 수양하라.
배움과 물음, 생각함과 분별함이 공부의 온전한 과정이다.

옛날에 공부를 제대로 한 훌륭한 성현들은 아는 것에 대해 말하면 곧바로 그것을 행하는 것도 동시에 말했다.

『대학』에서는 공부의 길을 아주 간략하게 언급하였는데, 우리가 흔히 쓰고 있는 "절차탁마(切磋琢磨)"라는 말이다. 이는 짐승의 뼈나 뿔과 같은 것을 다룰 때, 먼저 재료를 자르고 다시 다듬어 놓는 일, 또는 상아나 옥과 같은 것을 세밀하게 다듬을 때, 재료를 쪼아 놓고 그런 후에 갈아서 윤기를 내는 일에 비유한 것이다. 전자는 스스로 배우는 것을 말하고 후자는 스스로 닦는 것을 말한다.

『중용』에서도 공부의 길을 아주 간략하게 언급하였는데, 이는 배움과 물음, 생각함과 분별함, 그리고 최선을 다해 행하는 일이다. 그것이 유명한 박학(博學), 심문(審問), 신사(愼思), 명변(明

辯), 독행(篤行)이다. 박학은 널리 배우는 일이고, 심문은 자세하게 묻는 일이며, 신사는 신중하게 생각하는 일이고, 명변은 분명하게 구별하는 일이다. 독행은 돈독하게 최선을 다하여 실천하는 일이다. 앞의 네 가지는 지식을 확보하는 차원의 공부다. 독행은 그것을 실천할 때의 행위 자세다.

兩事踐行 玩索踐履

양사천행 완색천리
공부에는 두 가지 일이 있는데, 이해와 실천이다.
깊이 새겨보고 몸소 실천하는 것을 우선으로 삼으라.

어떤 사람이 지식과 행위의 순서에 대해 물었다.

"무언가를 공부할 때, 알고 난 다음에는 반드시 행해야 합니까?"

그러자 주자가 대답했다.

"아직 공부가 미진하여 지식을 확보하지 않았다고 하여, 어떤 사안에 대해 처리할 수 없는 것은 아니다! 지식을 확보하여, 이해한 만큼 행하면 된다. 일처리를 하면서 그 상황에 맞게 일처리하는 방식을 깨달으면 된다."

옛날에 공부를 제대로 한 성현들이 많은 말을 남겼는데, 그 수많은 말씀들은 모두 한 마디로 귀결된다. "알고 이해한 만큼 처리하라!" 이때 두 가지 사항을 유의해야 한다. 어떤 사안에 대해 이해하는 것과 실천하는 것이다. 공부하는 사람은 어떤 사안을 마주했을 때, 깊이 새겨보고 몸소 실천하는 것을 우선으로 삼는다.

涵養窮理

함양궁리

함양하는 가운데 이치를 궁구하고
이치를 궁구하는 가운데 함양하는 공부를 해 나가라.

함양은 마음을 기르고 닦는 작업이다. 함양하는 가운데 이치를 따지며 탐구하는 공부가 저절로 배어드는 것은 그 함양하는 이치를 탐구하기 때문이다. 이치를 따지며 탐구하는 가운데 함양하는 공부가 저절로 있는 것은 그 탐구하는 이치를 함양하기 때문이다. 그러므로 함양과 탐구, 이 두 가지는 서로 떨어질 수 없다. 엄밀하게 따지면, 두 가지로 보아서는 안 된다.

어떤 사람이 함양과 탐구에 대해 물었다.

"먼저 함양해 가되 그것이 오래되면 자연스럽게 이치를 탐구하여 밝게 되지 않겠습니까?"

그러자 주자가 이렇게 대답했다.

"함양만 하고 가만히 있으면 안 된다. 동시에 이치를 따지며 탐구해야 한다. 함양하는 것과 탐구하여 찾는 것, 이 두 가지

중 어느 하나라도 소홀히 하거나 폐기해서는 안 된다. 그것은
수레의 두 바퀴와 같고, 새의 두 날개와 같다."

涵養工夫 日日在裏

함양공부 일일재리
마음을 기르고 닦아,
매일 그 만큼 마음에 간직하게 하라.

사람이 공부를 하는 것은, '비가 내리는 상황'에 비유할 수 있다. 비가 내린 뒤에는 곳곳이 촉촉이 젖어 있어 그 물 기운이 맺혀 있기 쉽다. 약간 맑아져서 해가 조금 비치면 물 기운은 증발하고, 그것은 구름이나 안개가 되었다가 다시 비를 내린다. 비가 오기 이전에 몹시 가물 때는 오래도록 비가 내리지 않았기 때문에 사방이 건조하다. 설령 비가 조금 내리더라도 모든 곳을 축축이 적실 수 없기에 물 기운이 증발하여 맺히지 않는다.

인간사회에서 사람의 도리에 대해서도 그렇게 고민해 볼 수 있다. 지식을 확보한 후에 또 마음을 기르고 닦아나가는 함양공부를 해서 매일 마음에 간직하게 한다면, 생각이 저절로 좋아지고 도리도 쉽게 알게 될 것이다. 그것은 마치 비가 내렸다가 맺힌 뒤에 다시 증발하여 내리는 것과 의미가 상통한다.

지식 확보를 위해 힘을 전혀 써보지 않은 사람이 벌건 대낮에도 예의 없이 마구 다닐 수 있는 것은, 마음을 기르고 닦는 함양 공부를 해본 적이 없기 때문에 그러하다. 설령 조그마한 인간의 도리를 이해했다 하더라도 그것에 젖을 수 없기 때문에 머지않아 사사로운 욕심이 일어나게 되는 것은, 가뭄에 약간의 비가 내려도 땅이 젖을 수 없는 것과 같다. 또 인간의 도리를 실천하지 못하고 중간에 끊어지게 되는 것은, 심각한 가뭄이 들었을 때 비가 내릴 수 없는 것에 비유할 수 있다.

博學修身 猛撞不得

박학수신 맹당부득

널리 배워 수양하라.

어떤 사안에 갑자기 맞닥뜨리면 진정으로 해결하기 어렵다.

어떤 사람이 물었다

"한 선생이 사람들에게 '실천하라!'고만 하는 것을 보았는데, 실천만 하면 됩니까?"

주자가 대답했다.

"뭘 해야 하는지, 관련지식이나 정보도 없고 인간 세상의 도리도 제대로 인지하고 못하고 있는데, 어떻게 실천하겠는가?"

그러자 그 사람이 다시 말했다.

"그는 '실천하면 바로 알게 된다!'라고 했습니다."

주자가 다시 대답했다.

"예를 들어, 사람이 길을 가는데, 그 길이 울퉁불퉁한지, 평평한지, 좁은지, 넓은지, 어떤 특성을 지니고 있는지 알지 못한다면 어떻게 제대로 갈 수 있겠는가! 요즘 사람들은 대부분의 사람들에게 실천을 가르친다. 하지만 모두 나름대로의 기준을 세워 놓고 사람들을 가르친다. 일반적으로 좋은 자질을 본디부터 지니고 있는 사람은 이치를 탐구하고 사물을 탐색하며 억지로 지식을 확보하려고 할 필요가 없다. 사람의 도리에 대해 분명히 알고 있다면, 자연스럽게 부모를 섬기며 효도하지 않을 수 없고, 형제자매 사이에 우애롭지 않을 수 없으며, 친구와 신뢰를 형성하지 않을 수 없다."

요즘 사람들은 마음을 다스리고 몸을 수양하는 일에 대해서만 말한다. 보다 중요한 것은 사람으로 일상을 살아가는 인간의 도리에 관한 것이다. 사람으로서의 도리를 알지 못하면, 마음은 어떻게 다스리고 몸은 어떻게 수양하겠는가? 마음을 다스리고 수양을 한다고 하자. 자질이 좋은 사람은 스스로 수양을 할 수 있겠지만, 무능한 사람과 자질이 좋지 않은 사람은 스스로 마음을 다스리거나 수양하기가 쉽지 않을 것이다.

그러므로 사람은 널리 배워야 한다. 널리 배우지 않으면 수양을 하고 실천을 하는 법에 대해 아무리 말을 해주어도, 어떤 일을 갑자기 맞닥뜨리면 진정으로 실천하기 어렵다. 진지하게 공부하면 자신도 모르는 사이에 훌륭한 덕성이 몸과 마음 깊숙이 저절로 쌓인다. 그러나 요즘은 지식을 확보하는 강의나 세미나는 하지 않고 몸과 마음만을 닦으려고 하니, 어찌 수양이 되겠는가!

若不見後 所成者狹

약불견후 소성자협

제대로 알지 못하면,
이루는 일도 보잘 것 없다.

'아는 것'과 '행하는 것', 즉 지식과 실천 사이에는 근본적인 차이가 있다. 아는 것, 즉 지식의 확보는 매우 실제적인 사안이다. 아는 것 자체가 공허한 것이라고 말할 수는 없다.

아는 것에는 '헛된 것'과 '진실한 것'의 구별이 없다. 지식을 확보하여 아는 것은 그냥 아는 것일 뿐이다. 그러나 행하는 것에는 '헛된 것'과 '진실한 것'의 구별이 있다. 실천의 영역이 원래의 의도에 부합하느냐 그렇지 않느냐의 문제와 연관이 된다.

아는 것은 단지 아는 것일 뿐이다. 알고 난 후에는 도리어 행함과 행하지 못함이 있다. 알지도 못하는데 억지로 행하여 성취된 것은 뻔하다! 보잘 것 없다!

常常將故 自有新意

상상장고 자유신의
옛것을 익히면,
자연스럽게 새로운 의미가 생긴다.

"옛 것을 익혀서 새로운 것을 안다!" 온고이지신(溫故而知新)! 유명한 말이다. 이 말은 옛 것을 떠나 달리 새로운 것이 있다는 말이 아니다. 옛 것을 익히기만 하면 저절로 새로운 의미가 생기게 된다는 소리다.

어떤 경우에는 옛날에 본 것과 지금 보는 것 사이에 이해가 다르기도 하고, 어떤 경우에는 옛날 것 그 자체가 좋은 의미가 있으며, 어떤 경우에는 옛날 것으로 인해 또 다른 의미가 생기기도 한다. 20세 이전에 어떤 고전을 읽고, 그 문장과 내용을 이해했는데, 50세가 된 지금 그 책을 다시 읽으니 문장이나 내용은 여전히 같지만, 생각은 상당히 다르다.

배워서 지식을 확보하는 일, 물어서 판단하는 일, 착한 일을 밝히는 일, 착한 일을 가려내는 일, 마음 씀씀이를 다하는 일,

본성을 아는 일, 이 모두가 아는 것에 해당하고, 처음 배울 때의 공부다.

會之於心 可以一得

회지어심 가이일득
마음에 모아,
하나로 정돈하라.

유학에서는 세상의 이치가 눈앞의 또 다른 대상으로 존재하는 것이 아니고, 바로 내 마음에 있다고 본다. 사람은 세상의 이치가 진정 나로부터 출발한다는 사실을 몸소 살펴야 한다.

예를 들면, 도가(道家)에서 수양하는 사람들이 장생불로의 신선이 되기 위해 행하는 연금술은 모두 내 몸과 연관되는 것이지 내 몸 바깥에 있는 것이 아니다. 세상의 이치를 따지고 캐물으며 탐구하는 것은, 인간의 본성 가운데 인(仁)·의(義)·예(禮)·지(智)가 있어, 그것들이 발동하면 가슴 쓰라리게 아파하고, 부끄러워하고 싫어하며, 사양하고 겸손해 하고, 옳고 그름을 분별하는 마음이 생기는 것과 같다.

어떤 사람이 물었다.

"이렇게 세상의 이치를 하나로 꿰뚫을 수 있는 방법이 있습니까?"

주자가 대답했다.

"세상의 여러 가지 이치를 많이 알고 나면, 자연스럽게 꿰뚫게 된다. 그것을 마음에 모아 하나로 정돈할 수 있으면, 마음이 차분하게 가라앉고 가지런해 질 수 있다. 마음이 안정된 후에야 올바른 도리를 펼칠 수 있는 근거가 마련된다."

또 어떤 사람이 물었다.

"세상 사물의 이치를 탐구했더라도, 전체적으로 총괄하여 어디에 모아야 하는지 고민됩니다. 어떻게 해야 합니까?"

주자가 대답했다.

"전체적으로 총괄해서 모으는 작업에 대해서는 말할 필요가 없다. 눈앞에 보이는 것이 모두 세상 사물이다. 세상 사물마다 탐색하고 그 이치를 따지고 물어 차근차근 알면 자연스럽게 세상 이치를 꿰뚫고 통한다. 그것을 전체적으로 총괄하여 모으는 것은 다름 아닌 사람의 마음이다."

看教平闊 四方都見

간교평활 사방도견
공평하고 탁 트인 세상을 살펴라.
그러면 사방이 모두 보인다.

공부하는 사람은 세상 만물의 이치를 탐구하여 많이 쌓아야 한다. 그런 다음에 세상 이치를 꿰뚫고 자연스럽게 효과를 볼 수 있다. 오늘 한 가지를 이해했다고 바로 그 한 가지를 사용하여 성공할 수 있는 것은 아니다. 사람이 재물을 모을 때, 재물이 많이 모이면 자연스럽게 자기가 하고 싶은 뜻을 펼칠 수 있다. 사람이 글짓기를 배울 때도, 많은 것을 본 다음에 자연스럽게 유려한 문장을 짓게 된다. 그렇지 않고 한 가지만 읽고서 글을 지으면 여기저기서 모아 짜깁기를 하여 생명력 없는 글을 짓게 된다. 많은 책을 읽고 많이 음미하면, 자연스럽게 문장력이 좋아진다.

어떤 사람은 세상 이치 가운데 일부만을 파악하여 꽉 잡고 지키려고 한다. 그것을 지킨들 무슨 일을 하겠는가! 세상을 넓게 보고 탁 트인 마음으로 살펴가야 한다. 세상의 모든 사물에 막힘이 없고 구애됨이 없어야 좋다. 어떤 특정한 사람의 이론이나 하나의 학설 때문에 세상 이치를 파악하는데 장애가 되어서는 안 된다. 마음을 크게 하여 공평하고 널리 살펴라! 그러면 사방팔방이 모두 보인다.

공부하는 사람이 세상의 이치와 인간의 도리를 이해하면, 온갖 학설들이 자기주장을 해도, 도리어 마음을 차분하게 가라앉혀 보고 또 보게 된다. 세상의 이치와 도리를 보는 것이 즐거운 경지에 이르면, 그것은 저절로 눈앞에서 뚜렷해질 것이다. 세상의 이치와 도리는 바로 눈앞에 있는 이치이자 도리다.

그 이치가 평이하고 자연스럽게 말해지면 좋은 것이다. 말하는 것이 어렵게 들리면 그 이치 또한 좋지 않다. 오늘 당장, 공부하는 사람 스스로가 써낼 수 있고, 말할 수 있는 것을 탐구하라. 요즘 사람들이 매사에 조리 없이 말하는 것은, 세상 이치를 제대로 알지 못하기 때문이다.

不名理會 求所以然

불명리회 구소이연

사물의 이름만을 보고 이해하지 말고,
그 까닭을 탐구하라.

공부하는 사람은 모두 자신의 몸이 있다. 몸은 자신을 주재(主宰)하는 중심이다. 그러므로 내 몸이 주재하는 것을 이해한 후에, 자신의 역량에 따라 세상의 이치를 탐구하고 사물을 탐색하라. 동시에 인간으로서 해야 할 일은 조금이라도 놓쳐서는 안 된다. 세상의 모든 이치는 내 몸을 향해 열려 있다. 모든 이치는 섞이면서 모인다.

세상의 이치와 인간의 도리를 이해할 때, 그 명칭으로만 이해해서는 안 된다. 반드시 그것이 왜 그러한지, 까닭을 추구해야 한다. 공부를 비롯한 모든 일을 할 때도 그것이 그러한 까닭을 알아야 한다.

예를 들어, 여기에 두 개의 꽃병이 있다. 이 꽃병 가운데, 하나는 깨뜨려 버리고, 다른 하나는 남겨서 보존해야 한다고 하자.

하나의 꽃병은 깨뜨렸고 하나의 꽃병은 그냥 있다. 이 사실 자체는 그것을 본 사람이라면 누구나 알 수 있고 그 사실을 말할 수도 있다. 중요한 것은 왜 하나는 깨뜨렸고, 왜 다른 하나는 깨뜨리지 않았는지, 그 이유를 아는 것이다.

思如穿井 不解得清

사여천정 불해득청

공부에서 사색은 우물을 파는 것 같다.
게으르지 않고 공부하면 맑은 물을 얻으리라.

공부하는 사람이 지식을 확보하고 실천하는 과정에서 아주 중
요한 사안이 있다.

바로 사색(思索)이다.

사색은 우물을 파는 것에 비유할 수 있다. 우물을 파는 데
게으르지 않다면, 우물을 깊이 파서 곧 맑은 물을 얻을 수 있
을 것이다. 우물을 파는 과정에서 처음에는 흙탕물이 일어나
탁하겠지만, 점점 파헤쳐 가서 샘물이 솟아오르고 물이 고이면
자연스럽게 맑은 우물 물을 얻게 된다.

제4장

책 읽는 방법 1

이 장은 『주자어류』10권 「학」4의 "책 읽는 방법, 즉 독서법"에서 발췌한 글이다. 공부의 과정에서 독서는 배움의 전체를 좌우할 정도로 중요하다. 모든 내용에 대해 직접 경험을 하며 배울 수 있다면 좋겠지만, 현실적인 한계로 인간은 간접 경험을 할 수밖에 없다. 그 간접 경험의 상징이 책 읽기다. 그러나 책을 읽고 글을 다룰 때는 상황에 따라 적합한 방법을 고려해야 한다.

未曾經歷 讀書見得

미증경력 독서견득
경험 자체만으로는 많은 것을 알지 못하므로,
독서를 통해 세상의 이치를 이해하라.

글을 읽는 작업은 공부하는 사람에게서 두 번째로 중요한 일이
다. 글을 읽는 행위의 대표적인 것이 독서다. 그러니까 책을 읽
는다는 것 자체가 인간의 삶 가운데 핵심이기보다는 2차적인
일이다. 사람은 태어나면서 세상의 이치를 파악할 자질을 타고
났다. 나름대로 자기라는 세상의 이치를 완전히 갖추고 있다.
그런데 책을 읽어야 한다. 이유는 아직까지 경험을 통해 많은
것을 알지 못하고 있기 때문이다.

  옛날의 훌륭한 성현(聖賢)은 경험을 통해 많은 것을 알았기 때
문에 책을 써서 사람들에게 보여주었다. 지금 우리가 책을 읽는
것은 다른 작업이 아니다. 세상의 많은 이치를 알려는 것일 뿐
이다. 내가 이해할 수 있는 내용이 있다면, 그것은 이미 나 자신
이 처음부터 그것을 파악할 수 있는 능력이 있어서이지, 나의 바

깥에서 갑자기 내게 알려준 것은 아니다.

공부는 자신에게 간절히 필요한 것에서 이해해야 옳다. 옛날부터 사람들이 공부를 할 때 글을 읽어야 한다고 강조한 이유는, 자신이 스스로 내용을 파악할 능력을 갖고 있더라도, 그것은 반드시 경험을 거쳐야 제대로 얻을 수 있는 사안이었기 때문이다.

師友發明 人自向前

사우발명 인자향전

스승과 친구는 그들이 읽은 책의 내용을 드러내 밝혀줄 뿐,
실제 내용은 스스로 책 속으로 들어가서 파악해야 한다.

공부는 똑똑한 사람이나 어리석은 사람, 작은 사람이나 큰 사람, 귀한 사람이나 천한 사람, 누구나 할 것 없이, 사람이라면 응당 해야 할 일이다.

지금 세상에는 동서고금의 훌륭한 책이 엄청나게 많다. 하지만 사람들은 그것을 제대로 읽지 않는다. 책을 읽을 때, 스승과 도움을 줄 친구들이 곁에 있다고 해도, 그들은 책의 내용을 드러내 밝혀줄 뿐이다. 공부하는 사람이 스스로 책의 내용 속으로 들어가지 않는다면, 아무리 훌륭한 스승과 친구라고 한들, 어떻게 무슨 힘을 쓰겠는가!

學者讀書 務要窮究

학자독서 무요궁구
제대로 공부하는 사람이 책을 읽을 때는
힘써 끝까지 캐물으며 찾아야 한다.

공부하는 사람이 책을 읽을 때는 힘써 끝까지 캐물으며 찾아야
한다. '공부를 한다는 것'은 인생에서 아주 큰 일이다. 우주 자
연과 세상의 도리를 파악하여 올바른 사람이 되려는 것이다.

책을 볼 때는 보고 또 보아 단락마다 구절마다 글자마다 모
조리 이해해야 한다. 여러 사람이 풀이한 해설이나 주석을 참조
하여 그 내용을 철저하게 통찰하고, 이 세상의 이치를 자신의
마음으로 꿰뚫을 수 있을 정도로 해야 제대로 읽었다고 할 수
있다. 그리하여 자신이 파악한 세상의 이치가 명확하도록 구명
할 수 있어야 한다.

진(晉)나라 때 두예(杜預)라는 사람은 책을 읽고 내용을 파악
하는 사안에 대해 다음과 같이 말하였다.

"넉넉하고 여유 있게 책을 읽으면서도 스스로 그 책에 담긴

내용을 파악하고, 싫증나고 물릴 정도로 책을 읽으면서도 스스로 책 읽기에 몰입하고 매진하도록 한다.

그렇게 하여 샘물이 흐르고 흘러 강이나 바다에 잠겨들듯이, 단비가 촉촉하게 내려 은택(恩澤)이 스며들듯이, 봄기운에 얼음이 스르르 풀어지듯이, 아주 기쁘게 세상의 이치를 통달해야, 비로소 책의 내용을 터득했다고 할 수 있다."

看着縫罅 道理透徹

간착봉하 도리투철

책을 읽을 때는 문맥의 틈새를 보아야
세상 이치를 제대로 찾을 수 있다.

책을 읽을 때 중요하게 보아야 할 것이 있다. 훌륭한 사람들이 보통 사람들에게 '무슨 내용을 어떻게 공부하도록 배려했는가' 이다. 이는 병이 났을 때 약 처방하는 일에 비유하면 좋다.

약을 써서 병을 치료할 때는, 그 병이 어떻게 발병했는지, 무슨 처방으로 그것을 치료해야 하는지, 처방 가운데는 어떤 약재를 사용하는지, 어떤 약재는 몇 킬로그램이 쓰이고 어떤 약재는 몇 그램이 사용되는지, 약재를 어떻게 불에 쬐어 말리고, 어떻게 구워야 하는지, 어떻게 조제하고, 어떻게 썰며, 어떻게 달이고, 어떻게 복용해야 하는지를 자세하고 정밀하게 살펴야 한다. 책을 읽을 때도 이런 자세와 태도를 견지해야 한다.

동서고금을 막론하고 훌륭한 책은 한 겹에 또 한 겹의 사상이 깃들어 있다. 그러므로 반드시 깊이 들어가서 내용을 살펴야 한다. 겉껍질이나 겉모양만 보면 오해가 생기기 쉬우므로 반드시 깊이 들어가 자맥질을 하면서 캐내야 핵심을 얻을 수 있다.

그런데 사람들이 책을 볼 때, 표면과 같은 한 겹만 보지, 그 속살인 두 번째 세 번째 겹은 제대로 찾지 않는다. 책을 읽을 때는 반드시 문맥의 틈새를 보아야 글의 생명력을 제대로 찾을 수 있다. 틈새를 읽어내지 못하면 그 문맥으로 들어갈 방법이 없다. 틈새를 파악해 냈을 때, 글의 맥락이 저절로 풀린다.

글의 핵심 단락이나 문구 서너 군데를 이해하고 나면, 나중에는 대나무를 쪼갤 때 칼날을 대기만 해도 쪼개지는 것처럼, 글의 내용과 맥락이 술술 풀리게 된다.

공부하는 사람들의 근심 걱정은 행동이나 말이 가볍고 허황된 곳으로 흐르는데 있다. 때문에 책을 읽으면서도 내용이 통쾌하게 풀릴 때까지 마음을 쏟으며 탐색하지 않는다.

着精彩看 猛滾一番

착정채간 맹곤일번
책을 읽을 때는 정밀하고 분명하게 보면서
한바탕 세차게 뒹굴어야 한다.

책을 읽을 때는 정밀하게, 그리고 분명하게 보아야 한다. 정신을 바짝 차리고, 근육과 뼈를 곧추 세우고 졸아서는 안 된다. 마치 칼날이 등 뒤에 있는 것처럼 하여, 한 단락이나 한 구절에 나아가서도 뒤로 물러서지 않고 철저하게 터득해야 한다. 한 단락의 앞부분을 파악하면 뒷부분의 다음 단락이 호응하고, 뒷부분의 다음 단락을 파악하면 앞 단락이 호응하는 것처럼 해야 좋다.

책을 어루만지며 읽고 있을 때는 그 내용이 대충 머리에 남아 있지만, 책을 덮는 순간 바로 잊어버려서는 안 된다. 풀이해 놓은 해석이나 주석을 보면서 정작 본문을 잊어버리고, 본문을 보면서 해석이나 주석을 보며 공부하는 것을 소홀히 해서는 안 된다. 반드시 한 단락을 철저히 파악한 후에 다음 단락을 보아야 한다.

　책을 읽을 때는 책의 내용 속에 들어가 한바탕 세차게 뒹굴어야 한다. 그리하여 내용을 훤하게 꿰뚫어야만 비로소 그 책을 터득할 수 있다. 대략적으로만 보고 지나치면 끝내 터득할 수 없고, 책 읽는 마음 또한 편안히 자연스럽게 내려놓을 수 없다.

胸次放開 磊落明快

흉차방개 뢰락명쾌

책을 읽을 때의 자세는 가슴을 열고
뚜렷하며 명쾌하게 해야 한다.

책을 읽는 일은 도적을 잡는 것과 같다. 그러니까 먼저, 도적질이 일어난 곳을 알아야 하고, 도적질의 근본 원인이 되는 조그마한 사안에서부터 죄의 씨앗을 깊이 감추고 있는 사건의 전말을 모두 조사해서 밝혀내야 한다. 만약 도적질을 한 겉모습만을 대충 조사하고 탐색하면, 이 사람이 도적이라는 것을 알더라도, 실제로 어느 곳에서 도적질을 했는지 모를 수도 있다.

책을 읽을 때는 돛을 높게 올린 큰 배가 바람에 따라 돛을 펼치고 하루에 천리를 가는 것처럼 해야 한다. 요즘 사람들처럼, 조그마한 항구를 떠나자마자 야트막한 곳에 정착해버린다면, 무슨 큰 일을 성사시키겠는가! 책의 내용을 제대로 파악하지 못하는 것은, 이와 같이 책을 보기 때문이다.

책의 내용과 요지를 구체적으로 장악하려고 할 때는, 가슴을 열고 분명하게 읽어나가야 한다. 책을 읽고 난 후, 절대로 먼저 나에게 다가올 이익이나 효과를 따져서는 안 된다. 이익이나 효과를 따지자마자 근심 걱정하는 마음이 생긴다. 그렇게 되면 곧바로 가슴에 의문의 덩어리가 맺혀 풀리지 않는다. 쓸데없는 일은 내려놓고, 쓸데없는 생각은 하지 말라. 대신 전심전력을 다해 마음을 모아, 내용의 핵심을 음미하면 마음이 충만해진다. 마음이 충만해지면 내용에 익숙해지고 요지를 장악할 수 있게 된다.

책을 읽을 때 마음을 열고 느긋하게 하면, 책에 담긴 의미가 자연스럽게 파악될 것이다. 내용을 탐색하기도 전에 근심 걱정으로 가득하고 조급해 하면, 책의 의미는 끝내 파악할 수 없게 된다.

讀書貫通 觸着關捩

독서관통 촉착관렬
책을 읽을 때는 꿰뚫어 통하는 곳을 알고
관건이 되는 것과 맞닿아야 한다.

글을 읽을 때는 장이나 단락, 문구 등이 어디에 위치해 있건, 서
로 꿰뚫어 통하는 곳을 찾아, 그 연결고리가 되는 부분을 아는
것이 좋다. 머리를 숙이고 깊이 생각하여 찾아가되, 앞뒤를 따져
보면서 고심하면 자연스럽게 통하는 곳이 있을 것이다.

그런데 요즘 사람들은, '예전에 그렇게 해 본적이 없었다', '내
용 파악이 늦어질까 겁이 난다', '제대로 해내지 못할까 두렵다',
'어려워서 엄두가 나지 않는다', '성격이 느리고 둔해서 안 된다',
'기억나지 않을까 두렵다' 등등, 온갖 핑계를 대며 쓸데없는 말
들을 하고 앉았다.

머리를 숙이고 깊이 생각하여 찾아가되, 느리게 파악할 것인
지 빠르게 파악할 것인지를 따지지 말고 차근차근 알아 나가
면, 조만간에 자연스럽게 통하는 곳이 있을 것이다. 예전에 해

본 적이 없었다면, 지금 당장 노력하여 부족한 부분을 보충하고 메꾸어 가도록 하라. 앞을 바라보고 뒤를 돌아보며 고심하면서, 이것저것 쓸데없는 생각을 하지 말라. 그래야만 인생을 허비하지 않고, 나이가 들어가면서도 늙음을 모를 정도로 알찬 삶이 되리라!

用着工夫 遍布周滿

이 세상에는 좋은 책이 정말 많다. 문제는 무턱대고 책을 읽는 것이다. 그렇게 계획 없이 책을 읽어, 언제 책 읽기를 마치겠는가? 책을 읽을 때는 공을 들여야 한다. 그래야 한 가지라도 건지지 않겠는가!

그런데 요즘 사람들은, 당연히 읽어야 할 책도 읽지 않고 엉뚱한 책들을 뒤적이고 있다. 이래가지고야 무슨 성장을 기대할 수 있겠는가?

책을 읽을 때는 자신이 공부하는 것과 관련되는 자료들을 폭넓게 읽어야 한다. 어떤 책을 자세하게 보았다고 건성으로 넘기지 말아야 한다. 많이 읽었다고 자랑하기보다는 자신을 낮추어야 한다. 내용을 투박하게 표현하고 전달할지언정 지나치게 꾸미거나 가식적으로 드러내지 말아야 한다. 내용이 우리의 일상

과 가까운 것이라고 수준 낮다고 하지 말고, 생활과 관련이 적
은 먼 곳에서 찾지 않아야 한다.

正看背看 反覆玩味

정간배간 반복완미
글을 읽을 때는 전후좌우로 보며
반복해서 음미해야 한다.

글을 읽는 방법의 첫 번째는 숙독(熟讀)이다. 익숙해지도록 뜻을 음미하며 자세하게 읽어야 한다. 내용의 앞과 뒤, 왼쪽과 오른쪽을 두루 보아야 한다. 저자의 생각이 옳다고 느껴지더라도 곧바로 그것을 말해서는 안 된다. 확신이 설 때까지 다시 반복해서 음미해야 한다.

첫째, 적은 분량을 보더라도 익숙하게 읽어라.

둘째, 반복해서 읽으며 몸소 경험하라.

셋째, 얻을 내용을 미리 상상하여 계산하지 말라.

숙독을 할 때, 이 세 가지 사항은 반드시 지키되, 일상의 독서 생활에서 그것을 실천하라.

다시 강조한다. 책을 읽을 때는 적은 분량을 보더라도 익숙하게 읽는 것이 첫째다. 지나치게 하나에만 천착하여 자기 학설을 세우기에 급급하지 말라. 반복해서 읽고 몸소 경험하는 것이 둘째다. 머리를 파묻고 묵묵히 이해하며 효과를 먼저 생각하며 구하지 않는 것이 셋째다. 이 세 가지는 공부하는 사람들이 주의해야 하는 하나의 철칙(鐵則)이다.

看一書徹 再看一書

간일서철 재간일서
한 권을 철저히 읽고 난 다음에
다른 책을 읽어야 한다.

책을 읽을 때는 많이 읽으려고 욕심내서는 안 된다. 내용을 빈틈없이 치밀하게 숙독해야 한다. 예를 들어, 오늘 200쪽을 볼 수 있는 능력이 된다고 해도 앞부분의 100쪽만 보고, 남은 힘으로 앞부분의 100쪽 내용을 다시 보면 익숙하게 읽을 수 있다. 그렇게 하여 저자의 생각을 읽어내야 한다.

다시 강조하지만, 책을 읽을 때는 많이 읽으려고 욕심내서는 안 된다. 자신의 역량을 파악하고, 어느 정도 여유를 두도록 해야 한다.

어떤 사람이 다음과 같이 말했다.

"여러 책을 돌려가며 보려고 합니다."

그러자 주자가 이렇게 주의를 환기 시켰다.

"그렇게 해서는 안 된다. 한 권의 책을 철저히 읽고 난 다음에 다른 한 권의 책을 읽어야 한다. 이 책 저 책을 잡다하게 함께 읽는다면 내용이 헷갈려서 피곤해질 수 있다.

예를 들어, 활을 쏠 때, 다섯 발의 화살을 한꺼번에 당길 힘이 있지만, 네 발의 화살을 당길 힘을 사용하면, 활시위를 더 힘껏 당길 수 있다. 그렇게 되면 자신의 힘이 평소 활을 쏠 때 당기는 힘을 능가할 것이다.

요즘 공부하는 사람들은 자신의 역량을 헤아리지 않고 무턱대고 책을 보려고 한다. 문제는 스스로 자신의 힘을 관리하지 못할 때 발생한다."

徘徊顧戀 如不欲去

배회고련 여불욕거

주위를 맴돌고 돌아보면서 연연하여
떠나고 싶지 않은 것처럼 읽어라.

책을 읽으며 공부를 할 때는 긴장의 끈을 놓치지 말아야 한다.
그렇다고 유유자적해서도 안 된다. 또한 급하게 해서도 안 된
다. 특히, 대충 글을 읽는 것은 절대 금물이다.

예를 들어, 보통 사람은 하루에 세 끼의 식사를 한다. 절대 10
일 동안 먹어야 할 밥을 한꺼번에 먹을 수는 없다. 마찬가지로,
책을 읽을 때도 하루에 일정량의 분량만을 볼 수 있고, 어느 정
도의 공부만 할 수 있을 뿐이다.

독서에는 주어진 시공간에서 한계가 있게 마련이다. 그러므
로 정해진 시공간에서 대충 글을 읽으며 공부를 완결 지으려고
해서는 안 된다. 정해진 시공간에서 자신이 읽을 수 있는 분량
을 읽어야 비로소 자신의 것이 된다. 분량을 정하지도 않고 이
것저것을 보면, 눈가를 한번 스쳐 지나는 가겠지만, 그 내용에

익숙해지지는 않을 것이다.

요즘 사람들은 책을 읽을 때, 아직 여기까지 읽지도 않았는데, 마음은 이미 저 뒷부분에 가 있다. 여기까지 읽자마자 모든 내용을 파악한 것처럼, 바로 버려두고 떠나려 한다. 이런 식으로 책을 읽으면, 스스로 알고 이해하려는 의지가 없는 것과 같다. 주위를 맴돌고 돌아보면서 연연하여 마치 떠나고 싶지 않은 것처럼 해야, 책을 읽으면서도 내용을 되새겨보며 제대로 이해할 수 있을 것이다.

但一次看 一次見識

단일차간 일차견식
한 차례 제대로 이해하여
한 차례의 깨달음과 인식이 생기게 하라.

책을 읽을 때, 사람들은 자기 편리에 따라 필요한 부분만 뽑아서 보려는 경향이 있다. 내용을 선별해서 보는 장점도 있겠지만, 자신이 선호하는 일부분만 뽑아서 읽는 것은 위험하다.

글을 볼 때는 한 단락, 한 구절마다 일일이 확인하며 이해해야 한다. 왜냐하면 글을 읽는 것은 우주 자연의 이치와 세상 사물을 탐구하는 일의 하나이기 때문이다.

단락마다 구절마다 자세히 음미하고 여러 번 반복하여 읽어라. 하루 혹은 이틀 동안 한 단락 한 구절을 집중적으로 파고들어 탐구했다면 말할 필요도 없이 그 내용은 바로 자기 것이 된다. 첫번째 단락, 첫번째 구절을 딛고 올라서서 착실하게 다진 후에, 두 번째 단락, 두 번째 구절을 본다. 이와 같이 조금씩 밀치고 비집고 들어간 것이 많아진 다음에는 여러 가지 핵심 내용을 훤하게 보게 될 것이다.

걸어갈 때도 생각하고 앉아 있을 때도 생각하며, 이미 이해한 내용도 두 번 세 번 생각하고 살피면, 자연스럽게 깨치게 된다. 이런 공부는 억지로 한다고 되는 것이 아니다. 모든 글은 한 차례 제대로 이해하면 한 차례의 깨달음과 인식이 생긴다. 그러므로 한 번 보면 그만큼 고치고, 한 번 보면 또 그만큼 정확하게 알게 되어 보다 분명하게 깨닫는다.

책을 읽을 때, 많은 내용 보는 것 자체를 소중하게 여기지 말고, 읽는 내용을 익숙하게 해야 한다. 그렇게 하려면, 공부를 할 때, 용감하게 앞으로 나아가도록 하고 뒤로 물러날 생각을 해서는 안 된다.

讀書專一 不可不敬

독서전일 불가불경
책을 읽을 때는 내용에 집중하고
최대한 경건한 자세를 유지하라

책을 읽을 때는 집중하고 몰입해야 한다. 한 구절을 읽으면 우선 이 한 구절을 이해하고, 한 장을 읽으면 우선 이 한 장의 내용을 깨달아야 한다. 한 구절, 한 장을 철저하게 알아야 다른 구절, 다른 장을 볼 수 있으므로, 아직은 다른 장과 다른 구절을 생각해서는 안 된다.

지금 책을 읽고 있는 이 시간만큼은 편안한 마음과 안정된 기운으로 집중하라. 지나치게 마음쓰고 지나치게 생각하여 얼마 지나지 않아 도리어 정신을 해쳐서는 안 된다. 때문에 옛날 사람들은 '책을 읽을 때는 경건하지 않을 수 없다!'라고 하였다. 경건함은 다름 아닌 '빈틈없이 치밀하게 집중하여 자신의 마음이 달아나지 않게 하는 일'이다.

책을 읽을 때 하나에 집중하지 않고, 무조건 많이, 넓고 얄팍하게 읽으면, 처음에는 박식한 것같이 온갖 일에 능통하게 보이겠지만, 나중에는 한 가지 일도 제대로 완수할 수 없는 지경에 이르기 쉽다. 두루 보고 넓게 취하는 것은 익숙하게 읽고 치밀하게 생각하는 것만 못하다.

書只貴讀 多自然曉

서지귀독 다자연효
소리 내어 글을 많이 읽으면
자연스럽게 내용을 깨달을 수 있다.

소리 내어 책을 읽는 일은 매우 소중하다. 약간씩 차이는 있겠지만, 음독(音讀)이나 낭독(朗讀), 낭송(朗誦)이 이에 해당한다.

소리 내어 많이 읽으면 자연스럽게 내용을 깨달을 수 있다. 소리 내어 읽는 일을 소중하게 여기는 이유는 명확하지 않다. 소리 내어 읽으면 자연스럽게 온 몸의 기운이 합해져 편안해지고, 또 쾌적하게 발산되어 기억을 확실하고 분명하게 한다.

책을 읽을 때 아무리 충분히 익숙하게 보고 마음으로 생각하더라도, 소리 내어 읽는 것만 못하다. 소리 내어 이리저리 읽어나가다 보면, 얼마 안 가서 깨닫지 못했던 내용도 깨치고, 이미 깨달은 내용은 더욱 맛깔스럽게 할 수 있다. 소리 내어 읽는 것이 익숙하지 않다면, 글의 맛을 느끼기 힘들 것이다.

지금 본문은 놔두고 해설이나 주석을 읽으라고 말하지는 않겠다. 책의 본문을 숙독할 것을 염두에 두고, 걸어가거나 멈추거나, 앉아서나 누워서나 마음이 항상 거기에 있으면, 자연스럽게 책의 내용을 깨닫게 될 것이다.

읽고 나서 다시 생각하고, 생각하고 나서 다시 읽으면 의미는 저절로 생긴다. 읽기만 하고 생각하지 않으면 그 의미를 알지 못한다. 생각만 하되 읽지 않으면, 내용을 이해했다 하더라도 마음이 위태로워서 편하지 않다. 이것은 다른 사람에게 내 집을 지켜 달라고 부탁하는 것과 같다. 아무리 집을 잘 지켜주는 사람일지라도 자기 집이 아니어서 집에 대해 잘 모르기 때문에 끝내 훌륭한 자기 집 심부름꾼이 되지는 못한다.

옛날 훌륭한 사람들이 공부한 것을 보면, 여러 가지 책을 골라 편안히 앉아서 칠팔 년 동안 소리 내어 읽었다. 그 후 나중에 그들이 지어낸 글이 아주 훌륭했다. 소리 내어 읽고 그 말을 모방하여 문장을 지어낸 결과다. 이런 정황을 보고, 책은 익숙하게 소리 내어 읽는 것이 중요하다고 했다.

讀一遍了 思量一遍

독일편료 사량일편
한 번 읽고 나서
다시 한번 생각하라.

어떻게 보면, 책 읽는 방법은 아주 간단하다. 한 번 읽고 나서
또 다시 한번 생각하는 일이다. 한 번 생각하고 또 다시 한 번
읽는 일이다. 책을 읽으며 읊조리는 것은 생각하는 일을 도와준
다. 그러기 때문에 읽고 읊조리는 행위는 마음을 항상 책 위에
서 맴돌게 만든다. 입으로만 웅얼대며 책을 읽고 마음으로 깊이
생각하지 않는 사람은 내용을 자세하게 기억하지 못한다.

요즘은 글이 책으로 인쇄되어 있기 때문에, 사람들이 온 마음
을 기울여 글을 읽지 않는다. 옛날 사람들은 책의 내용을 암송
으로 전수했기 때문에, 전적으로 기억에 의존했다. 그러다 보니
인용한 책의 구절에는 잘못된 글자가 많았다. 단지 암기를 통
해 내용을 얻었기 때문이다.

요즘 사람들이 간략하게 책을 읽는 이유는 글이 모두 인쇄되

어 있기 때문이다. 옛날 사람들은 제대로 인쇄된 책이 없었기 때문에 오직 처음부터 끝까지 암기해야만 했다. 강론하고 소리 내어 읽은 것까지 모두 암기한 후에 스승으로부터 배웠다. 한 편의 글을 강론할 때는 그것을 철저하게 이해해야 한다. 이 한 편의 글은 읽는 사람과 하나로 뒤섞어야 된다. 책을 치우고 나서도 그 내용이 마음에 남아 있고, 말로 풀이해낼 수 있어야 된다.

글을 깨닫고 나서 곧바로 그만둔다고 말하지 말라. 그 내용을 천 번 본다면 아는 것이 또 달라지고, 만 번 본다면 아는 것이 또 다시 달라질 것이다. 그렇게 하여 책이 없더라도 책의 내용과 요지가 뚜렷하게 자기의 마음에 있어야 한다.

去盡皮 方見肉 去盡肉
方見骨 去盡骨 方見髓

거진피 방견육 거진육 방견골 거진골 방견수

**껍질을 벗겨야 살이 보이고, 살을 벗겨야 뼈가 보이며,
뼈를 깎아 내야 골수가 보이듯이, 하나씩 하나씩 차근차근 읽어라.**

책을 제대로 읽지 못하는 사람을 살펴보면 두 부류가 있다. 한 부류는 성품이 둔한 사람이다. 이들은 이전에 책을 본 적도 없고, 책을 읽어도 생소하여 내용을 알아낼 수도 없다. 다른 한 부류는 민첩하고 예민한 사람이다. 이들은 대부분 책을 자세하게 보려 하지 않고 소홀히 다루려는 생각을 쉽게 갖는다. 두 부류의 사람들이 책 읽는 방식은 철저히 경계해야 한다.

공부의 과정에서 책을 읽을 때는, 번잡한 부분이 있더라도 참고, 뜻을 세밀하게 이해해야 한다. 절대 마음을 풀어 헤치고 긴장의 끈을 놓쳐서는 안 된다. 누군가가 '반드시 책을 읽어야 하는가? 지름길로 가는 좋은 방법이 있다!'라고 말한다면, 이는 공부하는 사람을 속이는 현혹의 구렁텅이다.

우주 자연의 이치나 세상의 법칙을 제대로 파악하지 못한 경우, 여러 겹으로 된 사물이 그 안에 속을 수십 겹으로 감싸고 있는 것과 같다. 따라서 곧바로 알 수 있는 방법이 없다.

반드시 오늘 한 겹을 벗겨 내야 또 한 겹이 보이고, 내일 또 한 겹을 벗겨 내야 다시 한 겹이 보인다. 껍질을 모두 벗겨 내야 비로소 살이 보이고, 살을 다 벗겨야 비로소 뼈가 보이며, 뼈를 다 깎아 내야 비로소 골수가 보인다. 이 어찌 나태하고 엉성하게, 풀어 헤쳐진 마음으로 할 수 있겠는가!

有一箇字 他看一箇

유일개자 타간일개
하나의 글자가 있으면
그 하나를 보고 집중하라.

책을 읽는 사람은 책 읽기를 끝내고 싶어 하는 마음을 가져서는 안 된다. 이런 마음이 생기자마자, 그 마음은 글의 내용이 아니라 종이의 여백에만 머무르게 되어 백해무익하다. 공부하는 사람이 글자나 글의 내용이 아니라 종이의 여백만 보아서야 되겠는가?

하나의 글자가 있으면 그 하나를 보고, 하나의 구절이 있으면 그 하나를 보라. 하나의 단락이 있으면 그 하나를 보라. 이와 같이 3년 동안 책을 읽으면, 온전한 수준의 공부가 되어 있으리라.

사람이 책을 읽는 것은 술을 마시는 것과 같다. 술 마시기를 좋아하는 사람은 한 잔을 마신 후, 다시 한 잔을 마시려고 한다. 술 마시기를 좋아하지 않는 사람은 술을 권하니까 할 수 없이 억지로 한 잔을 마셨지만, 그 다음에는 절대 마시지 않는다.

先立程限 首尾貫穿

선립정한 수미관천
책을 읽을 때는 먼저 일정한 진도를 세우고,
처음부터 끝까지 관통하라.

책을 읽을 때는 먼저 일정한 진도를 세워야 한다. 독서계획표 말이다. 옛날 정치를 하는 사람은 농사일을 모델로 하였기 때문에, 농경지에 경계 세우는 것을 우선시 했다. 공부를 하는 것도 이와 유사하다.

그런데 요즘 공부를 하겠다고 하는 사람들은 이런 이치를 깨닫지 못하는 것 같다. 처음에는 재빠르게 움직이다가 점점 게을러져, 나중에는 책을 읽지도 않고 내용도 전혀 이해하지 못하게 된다. 이는 처음에 일정한 계획표를 짜서 책 읽는 진도를 제대로 세우지 않았기 때문이다.

책을 읽을 때는 반드시 처음부터 끝까지 일관성 있게 해야 한다. 한 번 간략히 보고 지나가기만 하면 도움이 되지 않는다. 많은 책들 가운데 책 읽을 순서를 정해 놓아야 한다. 이제 본격적으로 공부를 시작하려는 사람은 먼저 공부하려는 분야의 최고 명저 한 권을 보라. 그리고 그 내용을 읽고 이해했을 때, 두 번째 책을 보라. 매번 핵심 내용을 꿰뚫어 나가라.

여러 가지 책에 통달했으면, 이제는 구체적으로 실천할 계획을 세운다.

옛날에 공부하던 사람들에게는 과거 시험이 매우 중요했다. 공부를 실천해 보는 시험장이 과거를 통해 관료로 진출하는 것이었기 때문이다. 옛날에도 과거 시험을 위한 시문의 폐단이 커서, 참된 독서인이 적었다고 한다.

책을 잡고 읽자마자 곧바로 자기 생각을 세우고 신기한 내용을 찾으려고만 했지, 모두들 그 본래 의미를 착실하게 이해하려고 하지는 않았다. 신기한 내용을 찾자마자 곧바로 그것을 모방하여 시문을 짓는데 사용했다. 그러다 결국에는 시문을 능숙하게 구사하더라도 현실의 삶은 도외시 한 채 시문만을 사용할 뿐이다.

정신 영역이 강건한 사람은 넓게 취하여 얻는 것이 많다. 정신 영역이 허약한 사람은 글 뜻이 간단하고 쉬운 것으로 함양한다. 옛날 훌륭한 사람들이 저술한 책을 천 년 동안 읽어 왔지만, 많은 사람들이 그 글자만을 보았을 뿐이다. 그러다 보니 우주 자연의 이치, 세상 사물의 도리는 물론, 세상의 주변적인 문제까지도 쉽게 이해하지 못하는 결과를 낳았다.

Mistura 6-10-10

ção amoniacal (40% N)
de amônio (20% N)
lfato simples (20% P₂O₅)
perfosfato triplo (46% P₂O₅)
Cl (60% K₂O)
"Acondicionador"

T o t a l

제5장

책 읽는 방법 2

이 장은 『주자어류』11권 「학」5
의 "책 읽는 방법, 즉 독서법2"에
서 발췌한 글이다. 앞에서는 독서
의 원칙과 요령을 다뤘다면, 여기
서는 그것을 확장하여 마음을 간
직하는 방법을 강조한다. 공부의
궁극 목적이 객관적이고 사실적
인 단순 지식의 확보에 있는 것이
아니라 인간의 마음을 수양하고
몸을 건강하게 만드는 데 있기
때문이다. 따라서 책을 읽고 글을
다루는 능력이 지적 활동을 넘어
온몸으로 행동하는 작업임을 일
러준다.

得之於心 體之於身

득지어심 체지어신
마음에서 깨닫고
몸에서 체득하라.

사람이 공부를 하는 것은 마음에서 깨닫고, 몸에서 체득하기 위해서다. 그러나 책을 읽지 않으면, 마음에서 깨닫는 것이 어떤 의미인지 알지 못한다. 책을 읽어 세상의 이치를 탐구할 때, 그것은 온몸으로 체득해야 한다.

중요한 것은 평소에 책을 읽고 파악한 내용을 매일 마음에서 깨치는 작업이다. 그렇지 않으면, 글의 의미만을 좇아가게 되고, 정해진 시간에 쫓겨 즐거움을 알지 못한다. 이런 책 읽기는 공부에 아무런 도움이 되지 않는다.

사람이 평소에 책을 읽으면, 자신의 마음을 관리하여 간직하는 데 도움이 된다. 책 읽기는 마음을 지속하는 비결이다. 한 순간이라도 손에서 책을 내려놓으면, 그 순간 사람의 덕성이 나태해진다. 그러니 어떻게 책 읽기를 그만둘 수 있겠는가!

人就讀書 體認義理

인취독서 체인의리
책을 읽고, 우주 자연의 이치와 세상의 법칙,
사람의 도리를 직접 파악하라.

처음 공부하는 사람들은 자기 깨달음인 경(敬) 공부를 제대로 못하기 쉽다. 공부를 한다는 것은 경 공부가 끊어진 사실을 깨닫자마자 곧바로 마음을 가다듬는 작업이다. 자기 깨달음과 동시에 경은 지속된다. 경을 지속하는데 기초가 되는 공부 행위가 책 읽기다.

책을 읽고, 우주 자연의 이치와 세상의 법칙, 사람의 도리를 몸소 인식하라! 낮 동안에 늘 책을 읽으면 깨달은 마음은 달아나지 않는다. 하지만 간혹 일상의 일에 시달리거나 특별한 사물에 뒤엉키면 마음은 쉽게 거기에 매몰된다. 이런 마음의 특징을 안다면, 책을 읽고 세상의 모든 이치를 몸소 체득하라! 그러면 다시 마음을 불러 올바로 깨칠 수 있다.

사람은 착한 마음을 지니고 태어났다. 그러기에 본래의 착한 마음이 세상의 욕망에 빠진 지 오래되고, 인간의 도리가 철저하게 마음에 젖어들지 않았다면, 책을 읽고 그 이치를 탐구해야 한다. 끊임없이 책을 읽어 삶의 이치를 터득하면, 물질적 욕망에 빠진 마음은 자연스럽게 유혹의 늪을 헤쳐나올 수 있고, 본래의 착한 마음은 안정을 찾을 수 있다. 그러므로 마음을 간직하는 것과 책을 읽는 것은 하나의 일이 되어야 한다.

退一步思量

퇴일보사량
한 발 물러나 생각하라.

어떤 사람이 물었다.

"선생님이 말씀하신 대로 경전(經典)에 담긴 내용을 탐구해 나
간다고 합시다. 공부가 어느 수준에 이르렀을 때 깨치는 것이
있습니까?"

주자가 대답했다.

"불교의 석가모니가 말하는 것처럼, 공부를 한다고 해서 다
른 사람의 마음을 꿰뚫어 본다든가, 뭐 그런 것은 없다. 다만,
우주 자연의 이치나 세상 만물의 법칙이 어떠한지를 깨칠 뿐이
다."

그러자 그 사람이 다시 물었다.

"말씀하신 것처럼, '우주 자연의 이치나 세상 만물의 법칙이
어떠한지를 탐색할 때는 마음을 비우고 책을 봐야 한다'라고

했는데, 마음을 비우는 것은 무엇을 말합니까?"

주자가 대답했다.

"한 발 물러나서 차분하게 생각하는 것을 말한다."

다음 날 다시 그 사람이 물었다.

"'한 발 물러나서 차분하게 생각하는 것'은 무슨 의미입니까?"

주자가 대답했다.

"지금까지 그런 공부를 한 적이 없다면, 나중에도 말해줘 봐야 이해하기 어렵다.

요즘 사람들은 책을 읽을 때, 먼저 자신의 생각이나 주장을 내세운 후에, 옛날 훌륭한 사람이 한 말을 끌어다가 자신의 생각에 맞추어 넣는다. 이렇게 하는 것은, 자신의 생각이나 주장에 맞추어 뜻을 넓히는 작업일 뿐인데, 어떻게 옛날 훌륭한 사람의 생각을 알 수 있겠는가!

'한 발 물러나서 차분하게 생각한다'는 것은 스스로 생각을 지어 내어 주장하지 말고, 그런 마음을 비워 옛날 훌륭한 사람이 한 말을 앞에 놓고, 그들의 생각이 도대체 어디로 향하고 있는지를 보는 것이다. 이렇게 전심전력으로 몰두해야 비로소 훌륭한 책을 쓴 옛날 사람의 생각을 알 수 있고, 책 읽는 사람도 크게 진일보하게 된다.

예를 들어 『맹자』에서는 『시경』을 설명하면서 '자신의 생각으로 작자의 뜻을 받아들여야 시를 이해할 수 있다'라고 하였다. 여기서 '받아들인다'는 것은 '기다리는 것'을 말한다. 저 앞길에서 사람을 기다린다고 하자. 그 사람이 아직 오지 않고 있는데 어떻게 하겠는가? 우선 참고 기다려야 한다. 시간이 지나면 자연스럽게 오는 때가 있기 마련이다.

그 사람이 아직 오지 않았다고 해서 마음이 조급해져 저 앞길로 나가 찾으려는 것은, '자신의 생각으로 작자의 뜻을 받아들이는 것'이 아니라 '자신의 생각으로 작자의 뜻을 붙잡는 것'이다. 이렇게 하면, 옛날 훌륭한 사람의 말을 끌어다가 자신의 생각이나 주장에 끼워 맞추는 것일 뿐이므로 독서가 진일보하지도 않고 공부에 보탬도 되지 않는다."

心不公人 讀書不得

심불공인 독서부득
마음이 공정하지 않은 사람은
책을 제대로 읽을 수 없다.

'마음이 공정하지 않은 사람은 책을 제대로 읽을 수 없다'라고 말하는 사람이 있다. 정말 그렇다. 마음이 공정한 사람은 옛날의 경전을 해설할 때, 한 쪽으로 치우친 자기 생각이나 주장을 없애고 완전히 마음을 비운 채, 경전에 나타난 내용 자체만을 잡고, 그것이 옳고 그른지를 살필 뿐이다.

책을 읽는 사람이 자의적 판단에 따라 임의적으로 글을 보면, 예전에 자신이 익힌 것에 이끌려, 무엇을 기준으로 글을 점검해야 할지 핵심을 잃게 된다. 자기의 개인적 생각과 주장을 가지고 옛날 경전을 읽는다면, 어떻게 그 참 의미를 볼 수 있겠는가!

어떤 사람이 물었다.

"글을 볼 때 여러 학설 때문에 이리저리 섞여 혼란스러우면, 어떻게 해야 합니까?"

주자가 대답했다.

"이때도 마찬가지다. 마음을 비우고 학설 하나하나마다 점검하며 봐야 한다. 한 학설을 보고 파악한 후, 다시 다른 학설을 본다. 이리저리 자세하게 보면 옳고 그름과 장점과 단점 등이 자연스럽게 분명해진다.

사람도 좋은 사람인지 나쁜 사람인지 알려고 하면, 그 사람을 따라가 봐야 한다. 이리저리 따라다니면서 그의 말과 행동을 확인하면, 그의 좋고 나쁜 점을 저절로 알게 된다.

그러니 먼저 마음을 비워야만 한다. 예전에 듣고 자기 생각이나 주장으로 굳힌 것이 있다면, 빨리 씻어 제거해 버리고, 책을 읽은 그대로 새로운 의미를 창출하라."

書冊理會 體認自身

서책리회 체인자신
책 속에서 지식을 확보하고
자신의 몸으로 체득하라.

어떤 사람이 어떻게 책을 읽으면 좋을지, 공부 방법에 대해 물었다.

주자가 대답했다.

"그것에 대해 지금 당장 말하기는 어렵다. 어떤 사람들은 굳이 책을 읽고 그 내용을 이해할 필요가 없다고도 한다. 하지만 그것은 정말 옳지 않은 자세다.

그렇다고 단지 책 속에 빠져 지식만 확보하고, 자신의 몸으로 체득하지 않는다면, 이것도 아무런 도움이 되지 않는다.

인(仁)·의(義)·예(禮)·지(智)에 대해 책을 보고 공부했다고 하자. 스스로 어떤 것이 인이고, 어떤 것이 의인지, 어떤 것이 예이고, 어떤 것이 지인지를 인식한 적이 있는가? 무엇보다도 자신이 몸소 인식하는 작업이 중요하다.

예를 들면, 『논어』의 첫 구절인 '학이시습(學而時習)', 즉 '배우고 늘 그것을 익히면'이라는 구절을 읽었을 때, '자신은 일찍이 무엇을 어떻게 배운 적이 있는가? 무엇을 어떻게 익힌 적이 있는가?' 이런 부분을 몸소 고민해야 한다. '또한 기쁘지 아니한가!'에 해당하는 '불역열호(不亦說乎)'라는 구절을 읽을 때, '스스로 일찍이 어떻게 하는 것이 기쁜 것인지를 깨달은 적이 있는가?' 반드시 몸소 이런 인식을 해야만 한다.

또한 한 단락을 해석하고 그 다음 단락을 해석해 나가다가 그만둔다면, 이것도 아무런 도움이 되지 않는다. 세상의 일부 사람들은 '책을 읽을 필요도 없고, 이해할 필요도 없다. 저절로 느끼는 곳이 있고 깨닫는 곳이 있다고 한다.' 하지만, 이것은 정말 옳지 않은 태도다. 그렇게 책만 읽고 그렇게 이해할 뿐인데, 공부에 무슨 도움이 되겠는가!"

熟看熟思 久久之間

숙간숙사 구구지간
익숙하게 보고 익숙하게 생각하라.
오래도록 하면 할수록 공부가 증명된다.

어떤 사람이 "책을 읽을 때, 요점을 총괄하는 방법을 모르겠습니다."라고 주자에게 물었다.

주자가 대답했다.

"요점을 총괄하는 방법을 어떻게 바로 알 수 있겠는가? 요즘 공부하는 사람들 중에, 어떤 부류는 책을 내버려 두고, 한 마디 말과 반 마디 구절에서 세상의 이치를 알려고 한다. 또 어떤 부류는 이것저것 온갖 책을 보면서 내용이 무엇인지 그 귀결점을 알지 못한다. 이런 부류의 사람들은 모두 공부하는 방법을 아는 사람들이 아니다.

반드시 내용에 익숙해지고 깊이 생각하면서, 오래도록 그렇게 공부하는 가운데 자연스럽게 세상의 이치를 깨닫게 된다. 그렇게 공부하다 보면, '요점을 총괄하는 방법'은 저절로 알게 된다."

思所以看 讀書做事

사소이간 독서주사
책을 읽는 까닭이 무엇인지를 생각하라.
그것은 곧 일을 하는 것이다.

책을 읽을 때, 치밀하게 논의한 부분만 보고 당장 필요한 부분은 도리어 빼놓는 것은 정말로 옳지 않다. 당장 필요한 부분만 보고, 치밀하게 논의한 부분을 빼놓는 것도 옳지 않다. 지금 책을 보면서 공부하는 것은 나중에 써먹기 위함이다. 공부하는 사람은 반드시 책을 읽는 이유가 무엇인지 깊이 생각해야 한다.

책을 읽는다는 것은 글을 보고 내용만을 많이 이해하기 위해서가 아니다. 이는 비유하자면, 탁자를 닦을 때 가운데만 닦아도 안 되고, 네 귀퉁이만 닦아도 안 되는 것과 같다. 반드시 자신의 성숙과 성장에 온힘을 다하고, 몸소 그것을 깨닫는다면, 책에 적혀 있는 글은 찌꺼기처럼 보일 것이다. 그러나 지금 당장 글을 찌꺼기로 보아서는 안 된다. 몸소 책을 읽는 이유와 책의 내용을 모조리 파악하여 최고의 삶을 지향해야 한다.

공부하는 사람이 책을 보고 들은 것이 있으면, 그것을 바로 행하는 것이 옳다. 책 한 권을 얻었다면, 반드시 바로 읽고, 바로 생각하며, 바로 실천해야 한다, 어찌 다시 그것을 이리저리 안배하면서, 멈추어 기다렸다가 나중에 착수하려 하는가! 한 조각의 글을 얻는다면 바로 그 한 조각의 글에 담긴 의미를 생각하며 바로 실천하는 것이 옳다.

책을 읽는 것은 다름 아닌 '일을 하는 것'이다. 일을 할 때는 옳은 것과 그른 것이 있으며, 얻는 것과 잃는 것이 있다. 일을 잘 처리한다는 것은 그 경중을 헤아리는 것에 지나지 않는다. 책을 읽는다는 것은 책에 담긴 의미를 탐구하고 옳고 그름을 판별하는 작업이다. 일을 하는 것도 이와 같은 이치다.

學得事了 不可自爲 推類反求

학득사료 불가자위 추류반구
모두 배웠다고 해서 스스로 끝났다고 생각하지 말라.
미루어 견주고 자신에게 돌이켜 구하라.

책을 읽은 후, 진정으로 이해한 것은 진정으로 이해했다고 말하라. 진정으로 이해하지 못한 것은 진정으로 이해하지 못했다고 말하라. 진정으로 이해한 것은 정말 잊어서는 안 되고, 진정으로 이해하지 못한 것은 어느 곳에서 막혔는지를 되새겨 보아야 한다. 책을 읽을 때는 반드시 중요한 곳을 기억하고 늘 잊지 않아야 한다.

어떤 일을 모두 배웠다고 하여, 스스로 끝났다고 여겨서는 안 된다. 왜냐하면 그것은 인생 전반에 게으른 마음이 생길까 두렵기 때문이다. 옛날부터 전해오는 훌륭한 책을 읽는다면 반드시 평생 동안 그것의 의미를 기억해야 한다.

사람들이 글의 의미를 이해할 때, 저지르는 오류가 있다. 처음부터 어려운 것을 이해하려고 덤벼들기 때문에, 마침내 쉬운 것까지도 이해할 수 없게 된다.

『예기』에 다음과 같은 비유가 있다.

"잘 묻는 사람은 마치 단단한 나무를 자르는 것과 같다. 먼저 결이 고르고 매끈매끈한 쉬운 부분을 자르고 난 후, 나중에 울퉁불퉁하게 결이 고르지 못한 부분을 자른다."

『관자』에는 다음과 같은 원리를 일러준다.

"틈새를 공격하면 견고한 것에 틈새가 생기고, 견고한 것을 공격하면 틈새가 견고해진다."

그러므로 공부하는 사람들은 빨리 깨달아야 한다.

'우주 자연의 이치나 세상의 법칙 가운데 긍정적이고 우리가 선호하는 것은, 오히려 대부분 쉬운 곳에 있다는 것을.'

且依本句 不要添字

차의본구 불요첨자
본래의 구절에 의거하고
글자를 덧붙여서 이해하지 말라.

책을 읽을 때는 시선이나 관점이 한 쪽으로 치우쳐서는 안 된다. 반드시 두루 보아야 한다. 보고 읽는 것이 두루 통해서 조금의 막힘도 없어야, 비로소 진일보할 수 있고 효과를 얻을 수 있다. 공부하는 사람이 책을 볼 때는 중요한 곳만 보아서는 안 된다. 중요하지 않은 곳도 두루 보아야 한다.

요즘 사람들은 자신의 '잃어버린 마음을 되찾는다'고 말하면서 다른 것은 묻지도 않는다. 유학에서 말하는 것처럼, '널리 배우고 뜻을 돈독하게 하며 절실하게 묻고 가까운 데서 생각한다'라는 것이, 다름 아닌 책 읽는 작업이다. 이 책 읽는 작업이 바로 '잃어버린 마음을 찾는 것'은 아닐까?

글을 읽을 때는 본래의 구절 그대로에 의거해야지, 다른 글자를 덧붙여서는 안 된다. 구절 자체는 원래 틈새가 있는 상자와

비슷하다. 그 틈새는 사람들이 스스로 비집고 들어가며 여는 것이지, 통째로 된 덩어리를 억지로 뚫어 들어가며 여는 것은 아니다. 글을 읽는 사람이 먼저 자기 이론과 학설을 세워, 옛날 훌륭한 사람들의 생각을 멋대로 끌어 모아도 안 된다.

남이 나를 속일까 봐 미리 짐작하는 것과 남이 나를 믿지 않는다고 억측하는 것, 그리고 미리 알아차리는 것, 이 세 가지 사이에는 차이가 있다. 흔히 '속였다고 생각하는 것'은 저 사람이 나를 속인 적이 없는 데도 미리 짐작해서 '저 사람은 분명히 나를 속일 것이다'라고 여기는 것이다. '믿지 않는다고 억측하는 것'은 저 사람은 믿지 않으려는 생각이 없는데도 '저 사람은 분명히 믿지 않을 것이다'라고 여기는 것이다. '미리 알아차리는 것'은 저 사람이 나를 속였고 나를 믿지 않는다는 것을 분명하게 아는 것이다.

曉得言詞 看理當否

효득언사 간리당부
내용을 이해하고 난 다음에
그 설명이 이치에 합당한지를 살펴라.

책을 읽을 때는 반드시 먼저 그 말뜻을 이해하고 난 다음, 그 설명이 이치에 합당한지를 보아야 한다. 이치에 맞으면 옳지만, 이치에 어긋나면 그르다. 요즘 사람들은 대부분 자기 마음에 먼저 한 가지 생각을 갖고 있으면서, 다른 사람의 말을 가지고 자신의 생각을 말한다. 이때 자기의 생각과 맞지 않는 것이 있으면 억지로 천착하여 맞춘다.

책 읽는 작업은 인간 세상의 다양한 일에 대해 묻는 것과 같다. 이 일을 알려면 이 사람에게 물어야 하고, 저 일을 알려면 저 사람에게 물어야 한다. 요즘 사람들은 세상 일을 잘 아는 그 사람에게 묻지 않고, 단지 자기의 생각으로 헤아려서 반드시 이와 같을 것이라고 자기주장을 말한다.

다른 사람의 글을 볼 때, 남이 한 말에 따라 생각을 이리저리 옮겨 다녀서는 안 된다. 무엇이 옳다는 것을 내가 알아야 비로소 믿을 수 있다. 반드시 깊이 잠겨서 생각해야 아는 곳이 생긴다. 그렇게 하지 않으면, 사람들이 모래로 밥을 지을 수 있다고 주장하면, 나 또한 모래로 밥을 지을 수 있다고 말해야 한다. 모래로 지은 밥을 어떻게 먹을 수 있겠는가!

溫尋舊底 不可新攙

온심구저 불가신참
옛것을 익히며 찾고,
새로운 것을 함부로 섞어 혼란스럽게 하지 말라.

책을 읽을 때는 자신의 뜻에 따라 임의로 내용을 바꾸거나 대
강 보고 지나가서는 안 된다. 옛날 것을 익히고 찾는 것은 무방
하지만, 새로운 것을 가지고 옛날 것과 뒤섞어서는 안 된다. 글
은 억지로 설명한다고 해서 이해되는 것이 아니다. 하지만 익숙
하게 되면 조금씩 분명해진다. 옛날 훌륭한 사람들이 쓴 고전
을 볼 때는 지나치게 서두르면 안 된다. 급하게 서두르면 안 된
다는 말이다. 의심나는 곳이 있으면 차근차근 생각하라. 한 번
에 곧바로 이해하려고 하면 내용이 마음에 들어오지 않는다.

글을 볼 때는 반드시 한 걸음 물러나서 보아야 눈에 잘 들어
온다. 줄곧 앞으로만 향하면서 급하게 보면, 도리어 막히고 가
려서 보이지 않으리라. 공부하는 사람들의 상당수는 책을 볼
때 앞으로 나가려 할 뿐, 한 걸음 물러나서 보려고 하지 않는다.

이것이 문제다. 앞으로 나아가기만 할 때 책의 내용은 분명하게 들어오지 않는다. 이는 한 걸음 물러나서 상세하게 보는 것만 못하다.

또 다른 문제는 자신의 생각이나 주장에 집착하여 그것을 내려놓지 않으려는 데 있다. 이는 송사를 처리하는 것과 똑같다. 자신의 마음에 먼저 갑을 지지하는 생각이 있게 되면, 을의 옳지 않은 점만 찾게 되고, 미리 을을 지지하는 생각이 있게 되면 갑의 옳지 않은 점만 보게 된다. 잠시 갑과 을의 주장을 내려놓고, 천천히 송사의 내용 자체만을 보라. 그러면 누가 옳고 누가 그른지 판별할 수 있다.

濯去舊見 以來新意 就本文看

탁거구견 이래신의 취본문간
옛 견해를 씻어 버리고 새로운 의미를 받아들이며
글 자체에 나아가서 그것을 보라.

옛날 훌륭한 학자들은 "옛 견해를 씻어 버리고, 새로운 의미를 받아들이라!"고 말했다. 이 말은 아주 타당하다. 옛 견해를 씻어 버리지 않는다면, 어디에서 새로운 의미를 가져올 수 있겠는가!

요즘 공부하는 사람들에게는 두 가지 큰 문제가 있다. 하나는 자신의 개인적 생각을 너무 주장하는 것이다. 다른 하나는 예전에 먼저 받아들인 학설이 있는데 그것을 벗어나고 싶어도 그것에 의해 저절로 다시 그것을 찾게 되는 것이다.

공부하는 사람은 예전에 보고 읽은 것을 지키고 따르기만 해서는 안 된다. 반드시 그것을 제거하거나 넘어서야만 새로운 의미를 볼 수 있다. 흐린 물을 가라앉히거나 제거한 다음에 맑은 물이 거기서 흘러나오는 것과 같다. 이해하기 힘든 내용에 부딪

히면 예전의 견해를 씻어 버리고 새로운 의미를 받아들일 필요
가 있다. 무엇보다도 본문이나 원전, 글 자체에서 나아가 그 의
미를 탐색할 뿐이다.

不可强斷 姑置之可

불가강단 고치지가
억지로 판단하지 말고,
잠시 제쳐두고 생각할 여유를 가지라.

주자는 젊었을 때, 책 읽는 것을 '사색하여 의문이 생기는 부분을 찾는 일'로 생각했다. 그러다가 나중에는 다음과 같이 깨달았다.

'책을 읽을 때는 마음을 비우고 익숙하게 읽어가되, 그것을 오래하면 저절로 내용이 터득되고, 자연스럽게 의문도 생기게 된다. 숙독하고 나면 오히려 막히고 통하지 않은 곳이 생기는데, 통하지 않은 곳에서 의문이 생겨야 비로소 내용을 제대로 헤아리게 된다. 지금 책을 읽고 있는 이 순간에, 의문이 생기는 부분을 먼저 찾아서는 안 된다.'

책을 볼 때, 스스로 공부하여 먼저 자신에게 가장 필요한 것을 접한 후에야, 의문이 생기는 부분을 들어 친구와 논의할 수 있다. 함께 논의할 친구가 없더라도, 그런 방식으로 오랫동안 책을 보면 자연스럽게 스스로 알게 될 것이다.

책을 읽어 쌓인 내용이 많아지면, 어느 날 갑자기 모든 사안에 확 트여 자연스럽게 세상 이치를 꿰뚫을 수 있다. 쌓인 내용이 절정에 이르면 세상 이치에 통하므로 반드시 책을 읽으면서 우주 자연과 세상 만물의 이치를 쌓는데 최선을 다해야 한다.

책을 읽을 때 의문이 생기지 않는다면 반드시 의문이 생기게 해야 한다. 의문이 생기면 다시 그 의문을 해소하기 위해 공부해야 하는데, 그런 경지에 이르러야 크게 진일보할 수 있다.

어떤 사람이 주자에게 물었다.

"책을 읽으면, 세상의 이치에 대해 의문이 가는 곳이 많습니다. 훌륭한 학자들의 주장에 대해 그 주장이 옳지 않다고 문제 제기를 하다가도, 다시 그 말이 옳다고 생각될 때가 있습니다. 이런 경우, 어떻게 판단해야 하는지요?"

주자가 대답했다.

"자의적으로 억지로 판단해서는 안 되고, 잠시 그 내용에 대해 제쳐두는 것이 좋다."

공부하는 사람들의 문제는, 다른 사람의 학설에 의문을 품고 문제를 제기해 볼만하다는 것을 알 뿐, 자신의 주장이나 이론에 대해 의문을 품고 문제를 제기해 볼만하다는 것을 알지 못하는 것이다. 시험 삼아 자신이 다른 사람을 비판하고 비난한 내용을 가지고, 자기 자신을 비판하고 비난해 보라! 그러면 아마 자신의 오류가 무엇인지 보이리라.

其人忠寔 專一無他

기인충식 전일무타
자신에게 충실하고
다른 일에 신경 쓰지 말라.

주자가 어느 날 책을 보다가, 한 구절이 의미가 있는 것 같아 종이에 기록해 두었다. 그런데 우연히 그 종이를 잃어버려 적어 놓았던 글귀를 기억할 수 없게 되자, 다음과 같이 말했다.

"예전에 어떤 사람이 늙을 때까지 글자를 몰랐다. 하지만 1년 동안 자신의 수입과 지출을 모두 마음속으로 기억하고 입으로 되뇌이며 헤아렸다. 그것을 종이에 글로 써 두는 것과 비교해도 큰 차이가 없을 정도였다.

생각해보라. 글도 모르는 노인이 어떻게 그런 소소한 일상을 기억하고 있었을까? 그 사람은 자신의 일에 충실하였을 뿐만 아니라 다른 일에 신경 쓰지 않고 하나에만 집중했기 때문이다.

기억이란 그런 것이다. 그러니 한 가지 일에 집중하라! 요즘 공부하는 사람들은 자신의 일에 집중하여 제대로 기억하려고 하지 않는다. 더구나 글에 의존하여 적어 놓으려고만 하기 때문에 더욱더 자신의 일을 잊어버리기 일쑤다."

讀經無法 虛心平讀

독경무법 허심평독
경전을 읽는 데 특별한 방법이 없다.
마음을 비우고 담담하게 읽어 나갈 뿐이다.

옛날의 훌륭한 고전인 경전을 어떻게 읽으면 좋을까? 동서고금의 고전을 읽는 효과적인 방법이 없을까?

특별한 방법은 없다! 반드시 마음을 비우고, 담담하게 읽어 나갈 뿐이다. 공부를 할 때는 단계를 뛰어넘어서도 안 된다. 대강대강 해서도 안 된다. 그렇게 하면 마음과 힘을 허비하기 때문이다. 반드시 공부할 내용을 순차적으로 정하여 물 흐르듯이 자연스럽게 이해해 나가야 한다. 한 가지 고전을 통달하면, 다른 책도 쉽게 볼 것이다.

훌륭한 사람들이 경전에서 다양하게 언급한 내용은 세상의 이치를 말한 것일 뿐이다. 사람들이 그 본질을 제대로 이해하지 못할까 염려하여, 그것을 책으로 엮어놓은 것이다. 인간이 문자로 자신의 삶을 표현하기 시작한 이래, 모든 기록이 그러하다.

책에 있는 글을 탐구하면 구구절절이 나름대로 정당성을 확보하고 있다. 따라서 10%를 공부하면 바로 10%의 공부가 된다.

문제는 책의 내용이 지나치게 형이상학적이고 현학적이어서 아득하게 심오하여 헤아릴 수 없는 것이 아닌데도, 사람들이 자세하게 탐색하지 않는 데 있다. 공부를 제대로 하려는 사람들에게 그것이 걱정스러울 뿐이다. 책을 읽을 때는 훌륭한 사람들이 책에서 말한 내용이 무엇이며, 어디에 사용될 수 있는지 생각해야 한다. 책을 읽은 후 그냥 지나간다면, 그 책을 읽을 필요가 있겠는가!

책을 읽을 때는 하나로 꿰뚫려 있는 그 책의 본질에 나아가 보라! 그러면 책의 내용이 분석되어 자연스럽게 분명하게 될 수 있으므로, 잡다한 사례나 인용 등을 자세하게 보지 않아도 핵심을 파악할 수 있다.

예를 들면, 유학의 삼경(三經)인 『주역』에는 음(陰)과 양(陽)의 이치가 있고, 『시경』에는 사악함과 바름에 관한 노래가 있으며, 『서경』에는 다스려짐과 어지러움으로 점철되는 정치적 내용이 담겨 있다. 이처럼 모든 경전이 하나로 꿰뚫려 있는 핵심 내용으로 되어 있기에, 별도로 잡다한 내용이나 높고 험준한 산맥처럼 어렵게 찾지 않아도 된다.

爲學大本 其初甚約 中間廣大 到末梢約

위학대본 기초심약 중간광대 도말초약
공부를 할 때는 먼저 큰 근본을 세우고,
처음에는 간략하게, 중간에는 넓고 크게, 마지막에 다시 간략하게 한다.

책을 읽으며 공부할 때는 반드시 먼저 큰 근본을 세워야 한다. 처음에는 아주 간략하게 하고, 중간에는 매우 넓고 크게 하며, 마지막에 다시 간략하게 한다. 맹자는 "널리 배우고 자세하게 설명하는 작업은 나중에 다시 본질로 되돌아가 간략하게 말하기 위해서"라고 했다.

이런 책 읽기의 원칙에 따라, 유학에서는 반드시 먼저 『논어』, 『맹자』, 『대학』, 『중용』과 같은 경전을 탐구하여 성현들의 생각을 고찰하고, 역사에 관한 책을 읽고 국가의 존속과 멸망, 치세와 난세의 자취를 살피며, 제자백가들의 책을 읽어 뒤섞이고 난잡한 인간 삶의 오류를 보아야 한다. 책읽기를 비롯한 모든 공부에는 이런 절목과 순서가 있으므로 그것을 함부로 뛰어 넘어서는 안 된다.

요즘 공부하는 사람들은 대부분 간단하고 간략한 내용만을 좋아하면서 널리 탐구하지 않는다, 널리 탐구하지 않는데 간단하고 간략한 것을 제대로 살피고 증명할 수 있을까! 또 어떤 사람은 간혹, 널리 탐구하기만 하고 간단하고 간략한 내용을 무시하고 검토하지 않는다. 오늘 하나, 내일 또 다른 하나를 이것저것 대충 보기만 하면서, 그것이 어디에 쓰이는지도 제대로 모르고 쓸 데 없는 공부만 하고 있다. 지나치게 간략하거나 널리 탐구만 하는 일, 이 둘 다 똑같이 공부에 무익하다.

要有主 覷得破

요유주 처득파
주요한 것을 중심으로
끝까지 살펴라.

공부하는 사람은 단지 한 권의 책만 읽어서는 안 된다. 다른 책에도 우주 자연의 이치와 세상 만물의 법칙이 많이 담겨 있기 때문이다.

동양의 고전에서 경서(經書)는 사서(史書), 즉 역사책을 보는 것과 다르다. 역사 기록은 실제 사건 내용으로 정돈해 둔 것이므로 그 사건에 대해 잘 모를 때는 사람들에게 물어 볼 수 있다. 하지만, 경서에 의문이 생기면, 사람들에게 물어볼 수도 있지만, 궁극적으로는 자신이 깨쳐야 하는 것이므로 상당히 다른 차원의 접근이 필요하다. 사람이 몸에 통증이 있으면 그것은 끝내 잊어버리고 싶어도 그럴 수가 없다. 경서를 읽는 것이 이와 같다.

어떤 사람이 이렇게 말했다.

"조서기라는 사람은 '스스로 자신의 견해를 가진 후, 핵심 경서인 육경(六經)과 『논어』, 『맹자』만 보면 되고, 그 외의 역사서나 잡다한 학문은 전혀 볼 필요가 없다'고 했습니다. 그의 말은 금을 살 때는 반드시 금을 파는 사람에게 물어 보면 되지, 잡다한 것을 판매하는 가게에 가서 금을 살 수 있느냐고 물을 필요는 없다는 말입니다."

그러자 주자가 대답했다.

"그렇게 한다면 옛날의 역사적 사실에 나오는 성공과 실패, 현재의 성공과 실패에 대해 알지 못할 수 있다. 책 가운데 어찌 읽어서 안 되는 것이 있겠는가? 어떤 책이건 읽을 수 있는 마음과 힘이 남아있지 않을까 두려울 뿐이다.

육경(六經)은 중국 고대의 하·은·주 삼대 이전의 책인데, 일찍이 공자와 같은 훌륭한 성인의 손을 거쳐 재탄생했기 때문에, 우주 자연의 이치와 세상 만물의 법칙을 담고 있다. 삼대(三代) 이후의 여러 책에서도 얻는 것과 잃는 것이 있다. 삼대 이후의 책에서도 우주 자연의 이치와 세상 만물의 법칙이 변함없이 담겨 있다. 이치와 법칙이라는 핵심을 틀어쥐고 끝까지 살피는 작업은, 어떤 책을 막론하고 공부하는 데 도움을 준다."

讀書有疑有所見 不容不立

독서유의유소견 불용불립
책을 읽어 의문이 생기고 견해가 생기면,
이론을 세우지 않을 수 없다.

옛날에 어떤 부류의 사람들은 많이 읽고 많은 내용을 이해하려고만 했을 뿐, 중요한 공부는 하지 않았다. 얼마 안 되어 그들은 스스로도 넘어지고 자빠져서 자신들이 읽은 내용을 편안하게 내려놓을 곳이 없었다. 이런 자세는 어떤 것을 먹는 것과 같다. 잡다한 것을 먹을 때가 아닌데 한꺼번에 모두 먹어 버리면, 장과 배가 팽팽하게 불러 어찌할 수 없게 된다.

책을 읽고 내용을 파악할 때, 힘써 부지런히 해나가기만 하면 의미를 알 수 있다. 그런데 요즘 사람들의 일반적인 양태는 의미를 알고 난 다음에는 게을러진다는 것이다.

예를 들어, 옛날 훌륭한 사람들의 견해에 가볍게 논의하려 들지 않는다거나 감히 망령되게 이론을 세우려 들지 않으려는 말들은 모두 게으른 사람의 생각이다. 옛날 훌륭한 사람들에 대해 감히 망령되이 논해서는 안 되지만, 그들이 행한 일의 옳고 그름을 논하는 것이 어찌 해롭겠는가?

공허하게 자신의 이론을 함부로 세워서도 안 되지만, 책을 읽어 의문이 생기고 자기 견해가 생기면, 나름대로 이론을 세우지 않을 수 없게 된다. 이론을 세우지 않는 사람은 단지 책을 읽고 문제 제기를 하지 않았을 뿐이다.

還他成句 還他文義

환타성구 환타문의

내용을 해석할 때는 원래 구절로 돌아가고,
원래 구절의 의미로 돌아가 풀이하라.

요즘 공부하는 사람들이 훌륭한 고전의 본문을 해석하면서 저지르는 오류가 네 가지인데, 참으로 걱정된다.

첫째, 본래 중요하지 않은 부분인데 중요하다고 들어 높이는 작업이다.

둘째, 본래 얕은 수준의 내용인데 집요하게 파헤쳐서 깊게 만드는 작업이다.

셋째, 본래 일상생활과 가까운 내용인데 그것을 저 멀리까지 미루어 형이상학적으로 바꾸는 작업이다.

넷째, 본래 분명하고 명백하게 드러나 있는 내용인데 어둡고 희미하게 각색하는 작업이다.

본문을 해석할 때는 먼저 원래의 구절 자체를 살펴야 하고, 그 다음에 그 구절의 의미를 되새겨야 한다. 본문의 의미를 해치지 않는 범위에서 중요하지 않은 글자를 첨가하는 것은 무방하지만, 본문의 의미를 해칠 정도의 중요한 글자를 첨가해서는 안 된다.

요즘 사람들은 본문의 의미가 너무나 다른 뜻을 지닐 정도로, 중요한 글자를 첨가하는 경향이 있다.

본문을 해석할 때는 절대로 다른 사람이 이전에 해설한 책을 보게 해서는 안 된다. 이미 해설한 책을 보면 마음이 해설한 책에 쏠리게 마련이다. 이렇게 되면 새로운 의미를 생각하지 않고 생명력 없는 풀이가 되기 쉽다. 자신이 스스로 깊이 음미하고 생각하면서 해설을 하면, 그의 마음은 생동감 있고, 또 본문과 그 의미를 놓치지 않는다.

觀大倫理 大機會 大治亂 得失

관대륜리 대기회 대치란 득실
역사책을 읽을 때는 큰 윤리와 큰 기회,
치세와 난세의 득실을 보아야 한다.

역사책을 읽을 때는 도덕·윤리의 근본과 치세·난세 득실을 보아야 한다. 역사책은, 좀 심하게 말하면, 옳은 것과 옳지 않은 것이 기록되고 평가되어 있을 뿐이다. 옳은 것을 보면서 옳지 않은 점을 찾고, 옳지 않은 것을 보면서 옳은 점을 찾으면, 세상의 이치를 알 수 있다.

역사책은 처음부터 끝까지 조금씩 익숙하게 안 다음에 이해하기 시작하라! 책을 읽다 이해할 수 없는 곳이 있으면 적어 두었다가 사람들에게 묻고, 우선 읽고 지나가라. 때때로 다른 곳을 읽다가 글의 뜻이 그것과 서로 관련되는 곳을 만나면 자연스럽게 이해할 수 있다.

역사책을 읽으면, 그 책을 지은 사람의 생각을 쉽게 알 수 있다. 나중에 기록된 성공과 실패에 대해, 역사가는 선구적으로 자기 생각을 말한다.

　한 가지 책을 읽을 때는 반드시 그 책에 모든 마음과 생각을 두고, 처음부터 끝까지 철두철미해야 한다. 정밀하고 익숙하도록 읽어 이것이 말하는 것은 무엇이고, 저것이 말하는 것은 무엇이며, 여기에서 말하는 것과 같은 곳은 어떻고, 다른 곳은 어떤지를 파악한다면, 반드시 진일보를 거듭할 수 있다!

　공부하는 사람이 쓸데없는 일에 관여하지 않고 10일 동안 책 읽는 작업에 힘쓴다면, 사람이 달라질 것이다. 10일은 말할 것도 없이, 단 하루만 독서에 집중하고 몰입해도 효과가 있으리라.

　사람들이 10년 동안 책 읽기에 힘쓴다면, 세상에 무슨 책인들 못 읽겠는가! 1월 1일부터 12월 31일까지 1년 365일 동안, 과연 책에 마음을 집중하고 뜻을 모은 날이 얼마나 되는가!

讀書有精力 聰明 靜得精神

독서유정력 총명 정득정신
책을 읽을 때는 반드시 정력을 쏟고
총명한 기운으로 읽어야 하며,
미음을 기리앉히고 정신을 쏟아 부이라.

어떤 사람이 이렇게 걱정하며 물었다.

"책을 읽을 때 기억력이 없어 반드시 서너 번 반복해 읽어야 겨우 기억할 수 있고, 나중에 또 잊어버리게 됩니다. 어찌하면 좋습니까?"

주자가 말했다.

"마음먹고 책을 읽을 때, '서로 분류하는 계책'인 '상별계(相別計)'를 세워 힘써 보시라. 일정 부분까지 읽었으면, 분류하여 정돈해 두면 다시 읽지 않아도 기억할 수 있다.

어떤 사람은 책을 읽을 때, 첫 번째 쪽을 다 읽으면 그것을 불태워 버리고, 두 번째 쪽을 다 읽으면 또 그것을 불태워 버렸다. 이른바 '타고 갈 배를 불태워 버리는 계책'인 '분주계(焚舟計)'를 썼다. 처음에 대충 한 번 읽고 그런 방식으로 또 서너 번 더 읽으려고 하면, 어떤 책을 읽더라도 확실하게 기억하지 못한다."

책을 읽을 때는 반드시 정력을 쏟아야 하고, 반드시 총명한 기운으로 읽어야 한다. 정력과 총명보다도 더 주의할 사항은, 마음을 차분히 가라앉히고 정신을 쏟는 작업이다. 정신을 쏟아붓기 위해, 마음을 고요하게 유지하고 집중하고 몰입하기 위해, 옛날부터 책 읽는 사람들의 대부분은, 사람들이 없는 한적한 곳에서 몇 년간 공부를 했다.

제6장

공부하는 마음

이 장은 『주자어류』12권 「학」6의 "공부를 통해 지켜야할 것들"에서 발췌한 글이다. 유학에서 공부를 하는 이유는 간단하다. 무엇보다도 자신의 마음을 굳게 지키는 일이 관건이다. 이때 마음은 몸과 분리되는 형이상학적인 것이라기보다, 마음의 프리즘을 통해 온 몸으로 삶을 살아가기 위한 일종의 바탕이자 밑천이다. 그 마음을 차분하게 가라앉히고 세상을 응시하며 주체적 인생을 열어가는 내면의 거울을 마련하는 자리다.

心地爲本 不失本心

심지위본 부실본심
마음을 근본으로 삼고
본심을 잃지 말라.

사람에게 가장 중요한 것은 무엇인가? 마음이다. 동서고금을 막론하고 마음을 근본으로 삼았다. 동서고금의 고전과 성현의 말씀, 책을 읽으며 공부하는 것은 사람들이 본심을 잃지 않으려는 작업이다.

마음을 보존하지 못한다면, 몸도 주재할 수 없다. 대문을 나서자마자, 세상에는 수많은 갈림길이 있을 터인데, 자기 몸을 주재하지 못한다면 어떻게 살 수 있겠는가! 마음을 제대로 잡고 있으면, 온갖 거짓과 위선을 물리칠 수 있고, 어떤 일도 합리적으로 처리할 수 있다.

사람의 생명력은 마음에 달려 있을 뿐이다. 그것을 통제하지 못한다면 어찌 사람 구실을 할 수 있겠는가!

大要工夫 在喚醒上

대요공부 재환성상
공부의 요지는
마음을 흔들어 깨우는 데 있다.

사람의 마음이 밝지 않으면, 사람이 잠들었을 때 의식이 희미해져 몸이 있는지 알지 못하는 것과 같다. 반드시 흔들어 깨워야 알게 된다.

이는 졸음이 밀려올 때 줄기차게 흔들어 깨우는 것과 같다. 그러므로 흔드는 것을 멈추지 않아야 깨어날 수 있다. 공부의 핵심은 흔들어 깨우는 데 있을 뿐이다.

이 공부는 반드시 몸소 경험하여 스스로 분명하게 이해해야 한다. 그리하여 사람은 오직 하나의 마음을 중심으로 항상 스스로를 흔들고 깨어 있어야 한다.

收拾此心 個頓放處

수습차심 개돈방처
자기 마음을 잘 거둬들여
편안히 놓을 곳이 있게 하라.

공부하는 사람은, 진정으로 아는 것과 힘써 실천하는 일에 대해 묻기 전에, 자기 마음을 잘 거둬들여 차분하게 놓아야 한다. 우주 자연의 이치와 세상 만물의 법칙에 밝도록 마음을 거둬들여 세상의 온갖 어지러운 생각을 없앴다면, 오랜 시간이 지났을 때 자연스럽게 외부의 사물에 대한 욕심은 줄어들고 세상에서 지켜야 할 의리를 중시하게 될 것이다. 마음에서는 의리가 외부의 사물에 대한 욕심보다 중시되어야 한다. 세상의 의리를 분명하게 깨달으면 스스로 멈추고자 해도 그럴 수 없다는 생각이 들어, 저절로 외부의 사물에 대한 욕심에 다가설 겨를이 없어지리라.

중요한 것은 잃어버린 마음을 구하고 밤낮으로 항상 보살펴 여기에 머물게 하는 일이다. 그렇게 충분히 노력했다면 자연스럽게 조용히 외부의 사물을 맞이할 수 있을 것이다.

自不向善 所以爲惡

자불향선 소이위악
착한 자신의 마음을 잃으면
나쁜 곳으로 빠져든다.

공부하는 사람은, 잃어버린 마음을 되찾은 다음에, 본성이 선하다는 것을 알 수 있다. 사람의 본성은 근원적으로 선하다! 사람들이 스스로 그 마음을 잃어버렸기 때문에 악으로 흘러가는 것이다.

우주 자연으로부터 부여받은 음양과 오행은 그 자체가 선하다. 사람이 스스로 선함을 향해 가지 않기 때문에 악하게 되었을 뿐이다. 세상에는 선과 악, 이 두 가지가 있을 뿐이다.

음양이 이 우주 천지에 존재하는 것처럼, 바람이 온화하고 해가 따스하여 만물이 생기는 것이 바로 선의 의미다. 음의 기운이 무성하게 작용할 때, 만물은 시들어 버린다. 인간 사회에서 악함 또한 그렇다. 우주 천지의 이치는 양이 음의 기운을 억눌러서 이기지 못하도록 하는데 있다.

공부하는 사람은 선과 악, 이 두 가지가 뒤섞이는 경계에 나아가 분명하게 행동해야 한다. 조금이라도 악함으로 인해 선의 실마리를 단절시켜서는 안 된다. 역동적으로 움직이는 일상생활에서 늘 몸소 살펴 마음을 붙잡고 선한 본성을 길러야 한다.

求放心 乃是求物 克己 漾着一物

구방심 내시구물 극기 양착일물

놓쳐버린 마음을 되찾는 것이 마음을 구하는 일이고,
자기를 이기는 일이 개인적 욕심을 씻어 내는 것이다.

잃어버린 마음을 되찾는 작업이, 다름 아닌 마음을 구하는 일이다. '자기를 이긴다'는 의미의 극기(克己)는 개인적인 욕심을 씻어 내는 일이다.

동서고금의 수많은 고전이나 성현의 말씀은 상황에 따라 깊거나 얕고 크거나 작은 차이가 있지만, 공부하는 내용은 거의 같다.

'사람의 마음을 간직하는 일'과 '사람의 의지를 붙잡는 일'도 그렇게 다르지 않다. 마음을 간직하는 일은 말은 크지만 도리어 느슨하다. 의지를 붙잡는 일은 말은 작지만 도리어 긴박하다. 의지를 붙잡기만 하면 마음은 거둬들여진다. 마음을 붙잡기만 하면 안과 밖이 엄숙해진다.

常執持 待到急時 又旋理會

상집지 대도급시 우선리회
언제나 나의 마음을 잘 붙잡아 간직하고
급한 경우가 닥쳐도 천천히 이해하라.

어떤 사람이 물었다.

"처음 마음 공부를 할 때는 좀 급하게 서두르는 것 같은데, 어떻습니까?"

주자가 대답했다.

"처음에 어떻게 하고 중간에 어떻게 하고 마지막에 어떻게 한다는 등 마음 공부를 하면서 이렇게 안배할 문제는 아니다. 항상 잘 붙잡아 간직해야 한다. 급한 경우가 닥쳐도 천천히 공부해야 한다."

공부하는 사람은 반드시 이 마음을 경건하게 지키고 서두르지 않으며 깊고 두텁게 가꾸어야 한다. 가꾼다는 것은 작물을 재배하는 것과 같다. 마음을 닦고 지키는 공부를 끊임없이 계속해 나가는 것을 '깊고 두텁게 가꾸는 일'이라고 한다. 그런 공부를 천천히 지속하면 흠뻑 잠겨서 저절로 깨닫게 된다. 그렇지 않고 서둘러 구한다면 이 마음도 조급해져 어지러워진다. 이것이 다름 아닌 개인적 욕심이 발동한 것으로, 끝내는 인간 세상의 의리에 도달하지 못하는 지경에 이른다.

사람의 마음은 본래 밝고 선하다. 그런데 외부의 사물과 일에 의해 덮여지고 가려져 밖으로 드러나지 않는다. 덮여지고 가려진 것을 제거히여 미음이 스스로 드러난 뒤에 여러 차례 살펴야 한다. 그렇게 되면 자연스럽게 옳고 그름과 선악을 알 수 있다.

把定生死 扶起來鬥

파정생사 부기래투

삶과 죽음의 갈림길을 파악하고,
이 마음을 붙들어 일으켜 싸우라.

사람은 우주 자연의 이치와 세상 만물의 법칙이 어떻게 변화하는지, 그것에 통달해야 담담하게 한결같은 마음을 지닐 수 있다.

한결같다는 것은 마음이 담담하여 여기에 있는 것이다.

인생을 살면서 삶과 죽음의 갈림길을 확고하게 파악하라. 그리하여 이 마음을 붙들어 일으켜 싸우게 하라!

我自有一 明物事在

아자유일 명물사재

나에게는 본래부터 밝은 마음이 있고,
그것이 세상 일을 밝힌다.

어떤 사람이 물었다.

"하나를 중심으로 공부하는 것을 '경(敬)'이라고 했는데, 정말 경은 단지 하나를 중심으로 공부하는 것입니까?"

주자가 대답했다.

"하나를 중심으로 공부한다는 것은 '경'이라는 글자에 대한 해석이다. 예를 들면, 일을 할 때는 큰일이건 작은 일이건, 항상 정신과 생각을 그 곳에 쏟아 부어야 한다. 일에 직면하여 할 때도 이와 같고, 일을 하지 않고 있을 때도 이렇게 해야 한다.

동서고금의 고전과 성현의 수많은 말씀은, 사람들이 우주 자연의 이치와 세상 사물의 법칙을 밝히고 인간의 욕망을 없애려는 데 목적이 있다.

사람의 본성은 본래 밝다. 그것은 보배로운 구슬이 혼탁한 물속에 잠겨 있으면 드러날 수 없지만, 혼탁한 물을 맑게 하면 보배로운 구슬이 드러나 반짝이는 것과 같다. 사람이 욕망에 가려졌다는 것을 안다면, 그것을 없애고 밝아질 수 있다. 마음을 차분하게 시키고, 외부의 사물과 일처리에 나아가 욕망을 없애가야 한다. 기병이 적진을 공격하여 함락시키는 것처럼, 오늘 하나의 외부 사물에 나아가고 내일 다시 하나의 외부 사물에 나아가 없애면 인간의 욕망은 자연스럽게 사라진다.

'경'은 본래 하나의 밝은 사물이 나에게 있다는 말이다. 그것은 일종의 자기 깨달음이다. 그러므로 항상 경을 간직한다면, 인간의 욕망은 뿌리내릴 수 없다.

整齊純一 不放縱敬

정제순일 불방종경
단정하고 순일하게 몸과 마음을 거둬들여
흐트러지지 않는 것이 경이다.

공부에는 자기 깨달음인 '경'을 유지하는 일보다 중요한 것이 없다. 경 공부를 잘하면 자기를 다스릴 필요가 없다. 다스릴 자기가 없는 것이나 마찬가지이므로, 자신에게 다가와 있는 일을 줄일 수 있다.

그러나 경 공부는 매우 중요하면서 또한 어렵다. 다급하고 어려운 처지에 놓이더라도 반드시 경을 유지하여 일상생활에서 늘 깨달은 상태로 있어야 효과를 얻을 수 있다. 부지런해야만 효과가 생긴다. 오늘은 자기를 깨우치며 경 공부를 하다가 내일은 대충 살며 자기 깨달음을 잊는다. 그러다 다시 경 공부를 하는 생활 태도라면, 언제 그 효과를 얻을 수 있겠는가!

『대학』에서 말하는 자신을 수양하고 집안을 가지런히 하며 나라를 다스리고 세상을 화평하게 하는 일, 즉 수신(修身)-제가

(齊家)-치국(治國)-평천하(平天下)는 모두 자기 깨달음인 경 공부가 아니면 얻을 수 없다. 역사상 위대한 인물들의 삶이 대부분 그렇다. 그들은 경 공부와 일상을 하나로 만들었다. 언제 어디서나 스스로 경 공부를 유지했다. 지금 당장 느슨해지면 곧바로 자신을 잃어버리기 때문에, 스스로 깨치고 늘 깨어 있었다.

이러한 경 공부는 일종의 경외감과도 통한다. 죽은 듯이 가만히 앉아, 귀로는 아무 것도 듣지 않고, 눈으로는 아무 것도 보지 않으며, 전혀 일처리를 하지 않는, 그런 의미가 결코 아니다. 단정하고 순일하게 몸과 마음을 거둬들여 흐트러지지 않는 마음가짐이 바로 경이다.

學有緝熙於光明

학유집희어광명
공부는 마음이 밝게 빛나도록
끊임없이 밝히는 일이다.

공부를 하는 데는 커다란 요점이 있다. 글 공부를 하는 경우에는 한 구절 한 구절 꼼꼼히 읽어 나가라. 글 공부를 넘어 인간으로서 온몸으로 공부를 하는 경우에는 '경' 공부를 하라.

경 공부를 통해 몸과 마음을 거둬들여, 상자 속에 물건을 넣듯이 자신 안에 간직해 두고, 그것을 벗어나지 않아야 한다. 그리고 난 뒤, 세상 사물 하나하나에 나가 그 도리를 살펴야 한다. 옛 사람들은 '공부는 마음이 밝게 빛나도록 끊임없이 밝히는 것을 핵심으로 한다'고 했다. 이 말은 정말 좋다. 마음은 본래 밝게 빛나지만, 인간의 욕망에 의해 지나치게 이익을 추구하면서 어두워졌을 뿐이다.

우리가 공부하는 까닭은 본래의 밝은 마음을 다시 밝게 빛나도록 만드는 작업이다. 그래서 '끊임없이 밝힌다'라고 표현했다. 마음이 밝게 빛나면, 이 일에는 이 일의 이치가 있고, 저 일에는 저 일의 이치가 있으며, 이 사물에는 이 사물의 이치가 있음을 자연스럽게 깨닫게 된다. 다른 사람이 옳은 일을 행하면 바로 옳다는 것을 알고, 옳지 않은 일을 행하면 바로 옳지 않다는 것을 알게 되는데, 어찌 마음이 밝게 빛나지 않겠는가!

그러나 방심하면 마음은 빛나자마자 바로 어두워져 깜깜해진다. 어떤 사람은 자신만만하게 마음이 밝게 빛난다고 말하지만, 사물에 대해 처음부터 전혀 비추지 못한다. 밝게 빛나는 듯하지만, 어떤 일도 제대로 이룰 수 없다.

直内主一 表裏如一

직내주일 표리여일
내면을 바르게 하고 하나에 집중하여
겉과 속이 한결같이 하라.

어떤 사람이 물었다.

"경 공부는 어떻게 해야 합니까?"

주자가 대답했다.

"내면에서는 거짓된 생각이 없고, 외면으로는 허황된 행동이
없으면 된다."

경을 간직하는 것은 아주 간단하게 묘사된다. '가지런하고
엄숙하다', '위엄 있고 삼간다', '몸가짐을 바로잡고 생각을 정돈
한다', '의관을 바르게 하고, 시선을 정중하게 한다.' 이와 같은
몇 마디 말을 잘 음미하여 실천에 옮긴다면, '내면을 바르게 하
는 것'과 '하나에 집중하는 것'을 인위적으로 조절할 필요가 없
다. 그때 몸과 마음이 엄숙해져서 겉과 속이 한결같아진다.

또 어떤 사람이 물었다.

"경을 간직할 때는 산만하기 쉬운데, 어떻게 해야 합니까?"

주자는 간단하게 대답했다.

"그것을 환기시키기만 하면, 바로 여기에 있다."

敬貫動靜 學到專一

경관동정 학도전일

경은 움직임과 고요함을 관통하기에
공부도 한결같이 진행되었을 때 절정에 이른다.

어떤 사람이 물었다.

"경 공부는 역동적으로 움직이는 것과 차분하게 고요한 것을
두루 관통하는 말입니다. 그러나 인간 세상은 차분하게 고요한
때는 드물고 역동적으로 움직일 때가 많습니다. 그렇다면 사람
마음이 쉽게 어지러워지는 것 아닙니까?"

주자가 대답했다.

"어떻게 인간 세상에서 사람 마음이 항상 고요할 수 있겠는
가? 어떤 일이 있을 때는 반드시 그것에 응해야 한다. 사람이 세
상을 살면서 일이 없던 때가 있는가? 없다. 일이 없는 경우는 죽
어서 생명력이 없어지고, 삶에 관심을 두지 않을 때다. 인간 세
상에는 아침부터 저녁까지 수많은 일이 있다. 일이 너무 많으면
복잡하다. 그런데 차분하게 가만히 앉아 있겠다고 말할 수는

없다. 경 공부는 그런 것이 아니다.

일이 눈 앞에 벌어져 있는데, 자신은 차분하게 가만히 있을 것을 주장하며 완고하게 응하지 않는다면, 마음은 완전히 생동감을 잃어버린다. 일이 없을 때 경 공부는 안에 있고, 일이 있을 때 경 공부는 일처리를 하는 데 있다. 일이 있든 없든, 공부하는 사람은 경 공부를 단절해서는 안 된다.

예컨대, 손님을 맞이할 때는 경 공부가 손님을 맞이하는 데 있고, 손님이 돌아간 뒤에는 경 공부가 또한 마음 안에 있는 것과 같다. 손님 자체가 싫어서 마음이 괴롭다면, 이는 인간 세상의 도리를 모르는 것인 동시에 도리를 몰라 스스로를 어지럽히는 일이 되어, 경 공부와 무관하다.

誠去多僞 敬去多怠

성거다위 경거다태
진실함은 수많은 거짓을 제거하는 일이고
경건함은 수많은 게으름을 제거하는 일이다.

어떤 사람이 물었다.

"경 공부를 제대로 하면 개인적 욕심이 전혀 싹트지 않으니, 참으로 인자한 사람이 될 것입니다. 간혹 외부의 사물을 좇는 욕심에 빠지더라도 일단 그것을 깨닫게 되면, 개인적 욕심을 없앨 수 있고, 인간 사회의 의리를 회복할 수 있으니, 이것이 바로 인자한 인간의 모습 아닙니까?"

주자가 말했다.

"그렇지 않다. 예컨대, 여기에 차분하게 앉아 가만히 있을 때는 정말로 뭔가를 깨달은 듯하다. 그러나 세상의 다양한 일을 처리하고 외부의 사물과 접했을 때 잘못되지 않을 수 있겠는가? 다른 것이 유혹하자마자 사람들은 그것에 휩쓸리기 쉽다. 반드시 세상일을 처리하고 외부의 사물을 접했을 때 잘못되지 않아야, 진정으로 옳다. 경 공부에서 이런 점이 어렵다."

또 어떤 사람이 물었다.

"사람이 어떻게 자연스럽고 거짓 없는 '성(誠)'과 경 공부를 세상에 드러내어 욕심을 없앨 수 있습니까?"

주자가 말했다.

"그것은 공부의 궁극 목표다. 자연스럽고 거짓 없는 성은, 세상의 수많은 거짓을 제거하는 작업이고, 경 공부는 세상의 수많은 게으름을 제거하는 작업이다. 이 가운데 넘치는 욕심은 반드시 막아야 한다."

讀書心在書 爲事心在事

독서심재서 위사심재사
책을 읽을 때는 마음을 책에 두고
일을 할 때는 마음을 일하는 데 두라.

어떤 사람이 물었다.

"일찍이 경을 간직하는 공부를 했습니다. 책을 읽을 때는 마음이 책에 있고 일을 할 때는 마음이 일에 있었는데, 이와 같이 하니 자못 힘이 생기는 것을 깨달을 수 있었습니다. 그러나 눈을 감고 정좌(靜坐)하고 있을 때는 상념을 떨쳐버릴 수 없었습니다. 누군가가 '눈을 감으면 곧바로 망상의 실마리가 생길 것이다. 책을 읽을 때는 마음이 책에 있고, 일을 할 때는 마음이 일에 있는 것은 단지 마음을 거두어 간직했을 뿐이지, 경의 본체를 깨달은 것은 아니다'라고 말했습니다. 이 말이 맞습니까?"

주자가 대답했다.

"정좌를 하고 있으면서 거짓된 생각을 버리지 못하는 것은, 정좌를 하고 있을 때 자기 깨달음을 통해 경 공부를 하지 않았

기 때문이다. 경은 다만 경일 뿐이다. 다시 무슨 경의 본체를 찾
겠는가? 그런 주장은 번잡하여 문제가 많다. 제대로 경 공부를
한 적도 없으면서 쓸데없이 인위적으로 꾸며낸 말이다."

敬立脚處 涵養用敬 進學致知

경립각처 함양용경 진학치지
경건함은 기초를 세우는 작업이다.
함양할 때는 경을 사용하고, 학문할 때는 치지에 집중하라.

어떤 사람이 물었다.

"경을 간직하다 보면 쉽게 끊어지는데 어떻게 해야 합니까?"

주자가 대답했다.

"경이 자기 깨우침이자 깨달음인 만큼, 항상 스스로 반성할 수 있어야 한다. 반성하자마자 곧 경을 유지할 것이다."

어떤 사람은 이 일을 가장 어렵다고 여겼다. 하지만 그런 생각은 반성하고 살피지 않아서 생길 수 있다. 끊어졌다고 느끼는 순간, 반성을 통해 이미 다시 이어진 것이니, 무슨 어려움이 있겠는가?

마음은 붙잡으면 보존되고 내버려두면 없어진다. 이때 마음으로 깨닫는 경 공부는 '붙잡는다'와 '내버려둔다'는 두 글자에 달려 있을 뿐이다. 특히, '붙잡는다'라는 글자만 틀어쥐고 있으면 된다.

어떤 사람이 물었다.

"마음을 계속 붙잡고 있다가 잠시 내버려두는 순간 곧 시들어 버렸다고 느껴지니, 어떻게 해야 합니까?"

주자가 대답했다.

"경 공부에서는 마음을 그렇게 붙잡으려고만 할 필요가 없다. 붙잡겠다고만 생각하여 다시 붙잡는 마음을 덧붙인다면, 수없이 복잡한 일만 더 생긴다. 자신이 내버려두는 것이 좋지 않다고 느껴서 곧바로 추스른다면, 이것이 바로 경 공부다."

어떤 사람이 물었다.

"오랫동안 정좌하면 하나의 생각이라도 떠오르지 않을 수 없는데, 어떻게 해야 합니까?"

주자가 대답했다.

"그때 떠오른 생각이 무엇이고 어떤 일을 하려는 것인지 살펴야 한다. 좋고 마땅히 해야 할 일이라면 반드시 더 생각해야 한다. 그러나 그 일에 대한 생각이 투철하지 않다면, 당연히 더 생각하다가 끝내야 한다. 좋지 않은 일이라면 빨리 멈춰야 한다. 스스로 그렇게 느끼는 순간, 경은 바로 거기에 있다."

動時有靜 順理而應 動亦靜也

동시유정 순리이응 동역정야
움직일 때 고요함이 거기에 함께 있다.
이치에 따라 호응하면 움직임 또한 고요한 것이다.

어떤 사람이 물었다.

"마음을 보존하고 본성을 기를 때는 차분하게 할 필요가 있지 않습니까?"

주자가 대답했다.

"반드시 그런 것은 아니다. 공자는 오히려 항상 사람들에게 쓰임이 있는 곳에서 공부하라고 가르쳤다. 차분하게 공부하라고 말하더라도 사물을 내버려둔 채, 차분함을 구하는 것은 아니다.

인간으로 태어났다면, 자연스럽게 지도자나 부모를 모시고, 친구와 교제하며, 가족을 돌보게 되어 있다. 그런데 어찌 차분하게 가만히 있을 수 있겠는가! 자신의 일을 내팽개치고, 문을 닫고 정좌하면서, 어떤 사물이 다가오면 '내가 보존하고 기를 때까지 기다리라'고 말해서는 안 된다. 또한 무조건 저 사물을 쫓아가서도 안 된다. 이 두 가지는 반드시 생각이 잠시 멈추어야 어떠한지 구체적으로 파악할 수 있다.

잘 생각해 보면, 움직일 때 차분함이 거기에 함께 있다. 움직일 때 차분함이 함께 있으니, 사물의 이치에 따라 응하여 움직여도, 이 또한 차분한 것이다. 사물이 다가왔을 때, 그 사물의 이치에 따라 응하지 않으면, 사물과 교류하지도 않으면서 아무리 차분함을 구하더라도 마음은 결코 차분할 수 없다. 움직일 때 사물의 이치에 따를 수 있으면 일이 없을 때 차분할 수 있고, 차분할 때 보존할 수 있으면 움직일 때 힘을 얻을 수 있다.

반드시 움직일 때도 공부하고 차분할 때도 공부해야 한다. 두 가지가 서로 어긋나지 않고 공부가 단절되지 않아야 세상의 이치를 제대로 터득할 수 있다. 이 두 공부가 끊어지지 않는다면, 차분할 때는 진실로 차분하고, 움직일 때도 마음은 움직이지 않을 것이니, 움직임이 바로 차분함이 된다. 공부를 하지 않으면 움직일 때는 정말 움직이고, 차분할 때는 차분하고 싶어도 그렇게 할 수 없으니, 차분함이 곧 움직임이 된다.

움직임과 차분함은, 물 위에 떠 있는 배에 비유할 수 있다. 배는 조수가 밀려오면 움직이고 조수가 물러나면 멈춘다. 일이 있으면 움직이고 일이 없으면 차분하게 된다. 일이 다가오면 움직이고 일이 지나가면 차분하다. 조수가 높으면 배도 높아져 위에 있고 조수가 낮으면 배도 낮아져 아래에 있는 것과 같다.

그렇다 하더라도 움직임과 차분함은 구체적인 실마리가 없다. 명확하게 움직임과 차분함을 나누는 이지가 없는 것이다. 예컨대, 사람의 기운은 숨을 들이쉬면 차분하고 내쉬면 움직이는 것과 같다. 또한 묻고 대답할 때도, 묻고 대답하면 말을 하면서 움직이고, 멈추면 차분해 지는 것이다. 모든 일이 그렇다.

차분할 때는 움직임을 생각하지 않고, 움직일 때는 차분함을 생각하지 않는다. 차분한 가운데 움직임이 있는데, 바로 이때 생각이 싹튼다. 움직이는 가운데 차분하니, 외부 사물은 제각기 그 사물이 지닌 특성대로 대해야 한다.

사람에게는 움직임과 차분함, 이 둘만이 있다. 차분함은 움직임을 기르는 뿌리이고, 움직임은 차분함을 행하는 방법이다.

제7장

인생을 실천하는 문제

이 장은 『주자어류』13권 「학」7의 "인생에서 힘껏 행해야 할 것들"에서 발췌하여 정돈한 글이다. 인생에서 애써야할 것은 엄청나게 많다. 어쩌면 행위 하나하나가 힘써야 할 것들이다. 그러나 일에는 우선순위나 경중의 차이가 있게 마련이고, 진정으로 자신이 직면한 일에서 무엇을 행하는데 힘써야 할지 깨치고 발견하는 것이 중요하다. 공부의 궁극목적은 인생을 성공으로 추동하는 작업이다. 그 근원에 실천을 적확하게 행하는 문제가 자리한다.

學博未若知要 知要未若行實

학박미약지요 지요미약항실
공부를 넓게 하는 것은 지혜를 요약하는 것만 못하고,
지혜를 요약하는 것은 실천하는 것만 못하다.

공부를 넓게 하는 것은 지혜를 요약하는 것만 못하고, 지혜를
요약하는 것은 실천하는 것만 못하다.

선한 것 자체는 저쪽에 있다. 때문에 내가 가서 그것을 행해
야 한다. 선한 일은 오랫동안 행하면 나와 하나가 되고, 하나가
되면 그 선함은 나에게 있는 것이 된다. 실천하지 않으면 선함
은 선함 그대로이고, 나는 그대로 나일뿐이다.

뛰어나지 않은 보통 사람은 선한 일을 실천하지 못한다고 하
는데, 이는 잘못된 말이다. 일상생활에서의 모든 행위가 실천이
다. 선한 일을 실천할 때는 반드시 조심하고 반성하며, 두려워
하고 조심스러워 해야 실천이 잘 된다. 여유를 부리거나 대강
지나치면 제대로 실천이 안 된다.

실천은 자신의 역량에 따라 하면 그만이다. 큰일은 위대한 성

현이 처리했고 작은 일은 조금 현명한 사람이 처리했듯이, 모든 사람은 각각 자신의 역량에 따라 일을 처리하면 된다.

사람들이 인간 세상의 도리를 실천하지 못하는 것은, 자신이 실천할 도리를 제대로 파악하지 못했거나 실천할 능력을 갖추지 못했기 때문이다. 실천하지 못한다고 걱정하지 말고, 반성하여 그 도리를 제대로 장악하고 실천할 방법을 찾아야 한다.

一事兩端 天理之公 人欲之私

일사양단 천리지공 인욕지사
한 가지 일에는 두 가지 측면이 있다.
천리의 공정함과 인욕의 사사로움이다.

한 가지 일에는 두 가지 측면이 있다. 올바른 것과 그릇된 것이다. 올바른 것은 우주 자연의 이치, 즉 천리(天理)가 공정한 것이고, 그릇된 것은 인간의 욕심인 인욕(人慾)이 개인적으로 치우친 것이다.

모든 일마다 끝까지 분석하여 판단한다면, 공부가 일에 따라 드러난다. 그러나 사람은 기질에 따라 차이가 있기 때문에 세상일을 바라보는 관점과 처리하는 방식이 같지 않다.

예컨대, 기질이 강건한 사람은 강건한 측면에 무게를 두어 일을 처리할 때 지나치게 강건한 잘못을 범할 수 있다. 부드러운 사람은 부드러운 측면에 무게를 두어 일을 처리할 때 지나치게 부드러운 잘못을 범할 수 있다. 따라서 사람은 반드시 자신의 기질이 어떤 특성을 지니고 있는지 먼저 파악해야 한다.

學無淺深 要辨義利

학무천심 요변의리
공부가 얕든 깊든 상관없이
의로움과 이로움을 구분해야 한다.

공부가 얕든 깊든 상관없이 반드시 의로움과 이로움을 구분해
야 한다. 인간 세상의 도리를 살필 때는, 거시적으로 공동체 모
두에게 적용되는 커다란 곳에 나아가 보아야 한다. 저 후미진
구석의 아주 미세한 특수한 부분만을 보아서는 안 된다. 천리
와 인욕, 의로움과 이로움, 공정함과 치우침을 분명하게 구분해
야 한다. 자신의 일상생활을 그것과 비교하고 확인한다면 점차
깨달을 것이다.

　사람은 구체적으로 분석하여 판단하는 것을 귀하게 여긴다.
따라서 마음에서 명확하게 정돈하여 선한 이치는 밝혀 펼치고
악한 생각은 없애야 한다. 의로움과 이로움, 선함과 악함, 옳
음과 그름이 구별되지 않은 채, 마음속에서 섞이게 해서는 안
된다.

인생을 실천하는 문제 *219*

한 집안의 일을 처리할 때도 선한 일은 취하고 악한 일은 버리며, 한 나라의 일을 처리할 때도 이득을 취하고 손실을 버리며, 온 천하의 일을 처리할 때도 현명한 사람을 등용하고 어리석은 사람을 물러나게 하는 것과 같다.

의문만 제기하면서 결단하지 못하는 사람은 끝내 아무 것도 성취할 수 없다.

須工夫到 義理精

수공부도 의리정
빈틈없이 공부하여
인간의 보편적인 도리에 능통하라.

반드시 일상생활 속에서 의로움, 즉 정의를 명확하고 분명하게 해야 한다. 어떤 사람은 자기 마음에 편안하게 생각하는 것을 의로움이라고 말한다. 한편 편안하게 생각해서는 안 되는 것을 편안하게 여기는 사람도 있다. 이런 사람이 자기 마음에 편안한 것을 의로움으로 여기겠는가!

의로움과 이로움은 원초적으로 대립된다. 일에는 크든 작든 모두 의로움과 이로움이 있다. 지금 좋은 일을 한다고 하자. 그러면 그 사이에 어느 정도 개인적 이익도 포함된다.

어떤 사람이 물었다.

"일상생활의 일처리도 하고, 외부의 사물에 접하여 의로움과 이로움을 구분할 때, 어떻게 해야 실수하지 않을 수 있습니까?"

주자가 대답했다.

"먼저 자기에게 가장 절실한 공부를 해야 한다. 외부의 사물에 비유하면 먼저 토대를 닦아야 한다. 토대가 완성되었으면 그 토대에 근거하여 이해하면 된다. 그렇지 않으면 공허하고 경솔하게 말하며 실수하기 쉽다."

어떤 사람이 물었다.

"일상생활의 일처리 과정에서 의로움과 이로움은 어떻게 구분합니까?"

주자가 대답했다.

"공부가 빈틈이 없고 인간 세상의 의리를 자세하게 인식하는 단계가 되어야 명확히 알 수 있다. 아직 이런 경지에 이르지 못했다면, 눈 앞에 보이는 의로움의 영역을 취하여, 그것에 대한 비율을 늘려야 한다. 의로움을 취하는 비율이 많아지면, 실수도 적을 것이다."

욕심에 따르려는 의도가 있으면, 이것이 바로 이로움이다. 이로움을 추구하는 마음은 외부의 사물과 내가 서로 맞물리면서 생긴다.

分別善惡 去就之爾

분별선악 거취지이

공부는 선악을 구분하여
버리거나 취하는 일이다.

일상생활에서 실천할 도리는 별도로 찾을 필요가 없다. 그것은 인간 세상의 도리일 뿐이다. 별개의 특별한 도리가 있어 내가 문득 그것을 보고 잡아당겨야 도리를 아는 것이 아니다. 일상 생활의 도리에 옳고 그름이 있는 것과 같을 뿐이다. 모든 일마다 옳은 부분을 파악하고 이해하면 그것이 바로 도리다.

공부는 단지 선악을 구분하여 버리거나 취하는 일이다. 음양에 대해 논할 때, 음의 기운이 있으면 반드시 양의 기운이 있다. 선악에 대해 논할 때는, 조금이라도 악함이 드러나지 않아야 한다.

공부하는 사람은 한쪽으로 치우치지 않게 배워야 한다. 지나 치거나 모자람이 없어야 한다는 말이다. 토론하여 밝히고 배우고 물어야 한다. 예컨대, 선악이라는 두 실마리의 경우, 선악을 분명하게 이해하고 분별한 다음, 알맞게 적용한다면 무슨 잘못이 있겠는가?

사람은 선행을 실천한다고 말하기 전에 먼저 악행을 미워해야 한다. 악행을 미워할 수 있어야 그 다음에 선행을 실천할 수 있다. 요즘 사람들은 좋지 않은 일, 악행을 보아도 전혀 그것에 상관하지 않는다. 자신의 떳떳한 양심을 어디에 사용할지 알지 못하니, 참으로 안타깝고 이상한 일이다.

萬善皆備 無一毫釐

만선개비 무일호리
온전하게 착한 성품을 갖추고
한 터럭이라도 잘못된 것이 없게 하라.

어떤 사람이 물었다.

"좋아함과 싫어함은 어떻게 구별할 수 있습니까?"

주자가 대답했다.

"좋아함과 싫어함은 감정이고, 선을 좋아하고 악을 싫어하는 것은 본성이다. 본성은 당연히 선행을 좋아하고 악행을 싫어한다. 제멋대로 좋아하고 싫어하는 것이 개인적인 사사로움이다."

성인은 선함을 완전히 갖추고 있다. 따라서 그것을 조금이라도 잃으면 성인이 될 수 없다. 보통 사람은 하루 종일 선하지 않은 짓을 행하다가 우연히 조그만 선함을 만나면 선한 마음이 생겨난다. 성인은 선함을 온전히 갖추려고 하기 때문에, 그의 실천에는 터럭만큼이라도 옳지 않은 것이 없다. 이것이 성인이 되는 까닭이다. 성인은 자신이 성인이라는 것을 모른다.

至虛之中 有至實存 至無之中 有至有存

지허지중 유지실존 지무지중 유지유존
이 세상의 이치는 텅 빈 가운데 가득 찬 것이 존재하고,
아무 것도 없는 가운데 모든 것이 있다.

이 세상의 이치는 텅 빈 가운데 가득 찬 것이 존재하고, 아무 것도 없는 가운데 모든 것이 있다. 이치는 모든 것 가운데 깃들지만, 눈으로 보거나 숫자로 셀 수는 없다.

한 조직의 구성원이 지도자를 섬길 때는 충실의 이치가 있고, 자식이 부모를 모실 때는 효의 이치가 있으며, 눈으로 볼 때는 보는 이치가 있고, 귀로 들을 때는 듣는 이치가 있으며, 몸을 움직일 때는 공손함의 이치가 있고, 말할 때는 미더움의 이치가 있다. 언제나 그렇게 일상생활에서 성찰하기만 하면 어렵지 않게 이치를 알 수 있다.

공부하는 사람은 반드시 날마다 실천하여 부모를 모시고, 형을 따르며 외부의 사물과 접촉하고 일을 처리할 줄 알아야 한다. 아직 행할 수 없는 것이 있다면 더욱 힘써 실천할 준비를

해야 한다. 그렇게 오랫동안 실천하면, 처음에는 어렵던 일도 날마다 변화하여, 자신도 모르는 사이에 평범한 일처럼 행하게 된다.

不可情行 權輕重行

불가정항 권경중항
감정대로 행동하지 말고
경중을 헤아려 행동하라.

어떤 일이건 실제로 할 때는, 언제나 어려운 것을 먼저하고 그 다음에 쉬운 것을 해야 한다. 그렇게 하지 않으면 나중에 더 어려운 사태가 벌어질 수 있다.

요즘 사람들은 제대로 깨치지 못한 상태에서 곧바로 감정에 따라 일을 처리한다. 그러면서도 전혀 깨닫지 못한다. 조금이라도 깨달으면 비로소 자신의 행동이 대부분 매우 실망스럽다는 것을 알게 된다.

뿐만이 아니다. 요즘 사람들은 대부분 불안한 상태에 안주한다. 어떤 일을 처리할 때, 그 일이 좋지 않다는 것을 분명하게 알면서도 그 정도는 괜찮다고 말한다. 이것이 바로 『맹자』가 말했듯이, "한 달에 닭 한 마리씩을 훔치다가 내년에 그만 두겠다"라는 것과 같은 식이다.

옛날 사람이 일을 처리할 때는, 이리저리 견주어 보며 고민했는데, 여기에는 그만한 이유가 있다. 국가 대사와 같이 중요한 일을 치를 경우, 백성이 사느냐 죽느냐, 나라가 보존되느냐 망하느냐의 생사존망이 달려 있기 때문에 개인의 감정대로 경솔하게 행동하면 안 되었다. 먼저 경중을 헤아려 보고 일을 처리하려고 하였다.

그런데 요즘 사람들은 중요하건 그렇지 않건, 하는 일마다 모두 이리저리 견주어 본다. 물론 신중한 태도는 좋다. 문제는 일의 우선순위, 경중을 구분하지 못하고, 그냥 신중하기만 한 것이다. 이래서야 무슨 일을 제대로 하겠는가?

一一理會 事變無窮 隨機應變 不可預定

일일리회 사변무궁 수기응변 불가예정
모든 일을 이해하려면 그 변화가 끝이 없으니
임기응변으로 미리 결정하려고 하지 말라.

어떤 사람이 다음과 같이 말했다.

"공부하는 사람은 세상 이치를 밝히는 것 이외에 현실 정치도 알아야 합니다. 모든 일을 하나하나 밝히고 일정한 자신의 관점을 확보해야, 나중에 현실적인 일을 처리할 때, 담장을 마주 대하는 것처럼 막히지 않을 것입니다."

그러자 주자가 응대하며 말했다.

"공부하는 사람이 마음에 세상의 이치를 분명하게 얻어, 여기에서부터 외부의 사물을 파악해 나간다면, 자연스럽게 세상을 대하는 폭이 넓고 마땅하게 된다. 사람들이 요임금이나 순임금처럼 총명함을 지니고 있다면 요임금이나 순임금처럼 수많은 업적을 이룰 수 있으리라. 일을 할 때, 모든 것을 일일이 이해하려고 한다면, 일에 미칠 화가 끝이 없어, 일이 어떻게 돌아갈지

예측하기 어렵다. 특히, 임기응변으로 미리 결정하면서 일하지 말아야 한다.

요즘 세상의 지식인들은, 입만 열면 국가의 이해관계에 대해 떠들어 대고, 붓만 들었다 하면 현실 정치의 득실을 긁적여대니, 정말 무슨 일을 제대로 할 수 있겠는가? 세상의 이치와 인간의 도리를 밝혀, 사람의 마음을 정화시키고 세상에 의리를 아는 사람이 많아진다면, 무엇을 근심하겠는가? 정치는 자연스럽게 올바른 길을 갈 것이다.

옛날부터 훌륭한 사람들은 늘 국가의 흥망성쇠, 제도와 예식 등을 즐겨 공부하였다. 왜 사람들이 힘들여 공부하며 인간 세상의 일에 마음을 썼을까? 옛날부터 지금까지의 흥망성쇠는 공부하는 사람의 학문을 진일보하게 만들었고, 공부하지 않고 빈둥거리며 노는 사람의 인생을 퇴보하게 만들었다. 세상의 모든 일이 사람을 사랑하고 사물을 이롭게 만드는 것이어야 하는데, 요즘 사람들은 모두 자기가 좋은 것만을 본다.

人最不可曉 慈祥和厚爲本

인최불가효 자상화후위본

사람은 가장 이해하기 어려운 존재다.
그런 만큼 반드시 자애로움, 자상함, 온화함, 후덕함을 근본으로 삼으라.

사람은 가장 이해하기 어려운 존재다. 어떤 사람은 자신을 돌보는데 지나치게 인색하여, 마른 풀을 먹고 흙탕물을 마시면서도 지조를 지킨다. 그러나 속으로는 오히려 관직을 탐한다.

어떤 사람은 자신을 돌보는데 청렴하고 검소하다. 하지만 속으로는 여색을 밝히며 놀기를 좋아한다. 그들은 개인적인 욕심을 극복하지 못했기 때문에, 어떤 일을 할 때 그것이 중요하다는 것만 알고, 다른 측면은 전혀 보지 못한다.

이러한 부류의 인간을 두고, 어떤 사람이 말했다. "이들은 가장 저급한 사람보다는 그래도 등급이 높습니다."

그러자 주자가 발끈하면서 말했다.

"무슨 소리를 하는 건가? 그렇게 말할 수는 없다. 잘못이 있으면 좋지 않은 것인데 등급으로 말할 수는 없다. 그런 사람은 관직을 탐하다가, 관직을 얻지 못하면, 최악의 경우에 관계되는 사람을 해코지할 수도 있다."

어떤 사람이 물었다.

"세상에는 자애롭고 온후하지만 의로움이 부족하여, 일을 할때 단호하게 결단하지 못하는 사람이 있습니다. 그 사람은 무엇 때문에 그렇습니까?"

주자가 대답했다.

"사람은 제각기 다양한 모습으로 태어난다. 그런 성격 특성은 순전히 기질 때문이다."

옛날에 존귀한 사람은 남에게 떠받들어질수록 자신의 덕성을 더욱 훌륭하게 길렀다. 그런데 요즘 사람들에게 떠받들어지는 사람은 오히려 그의 덕성을 해치는 경우가 많다.

사람의 덕성은 몸가짐과 말투에서 나온다. 단순히 혈기에서 나온 노여움을 몸에 둬서는 안 된다. 그렇다고 인간의 의리에서 나온 노여움을 몸에서 없애서도 안 된다. 혈기에 의한 행동은 쓸데없는 허세일 뿐이다. 선한 본성과 세상 이치를 깨친다면, 자연스럽게 일을 처리하는 방식이 달라진다.

반드시 자애로움, 자상함, 온화함, 후덕함을 근본으로 삼아야 한다. 용맹함, 단호함, 강건함, 과감함과 같은 것은 사람에게 없어서는 안 되는 덕목이지만, 그것은 상황에 적절한 경우에만 사용해야 한다.

人有廉恥

인유렴치
사람은 부끄러움을 알아야 한다.

부끄러운 일을 경험했을 때, 참아야 하는 것도 있고, 참지 않아야 하는 것도 있다. 완벽하게 올바른 일만을 하지 않은 한, 사람은 반드시 부끄러움이 있게 마련이다. 아니, 부끄러움이 있어야 한다.

맹자는 "부끄러움이 사람에게 중요하다"라고 했다. 부끄러움은 자기의 잘못을 부끄러워하고 다른 사람의 잘못을 미워하는, 이른바 '수오지심(羞惡之心)'이다. 사람에게 부끄러움이 있다면 차마 하지 못하는 일이 있게 된다.

요즘 어떤 사람들은 가난함을 편안히 여기지 못하고, 그 기질이 비굴하여 안정되지 못하며, 부끄러움도 알지 못한다. 그러니 어떤 짓인들 저지르지 못하겠는가?

사람들이 빈천을 싫어하고 부귀에만 급급한 것은, '사람은 부끄러움이라는 덕목을 지니고 있다'라는 인간의 도리를 알지 못하기 때문이다. 이 도리를 깨칠 수 있다면, 빈천하더라도 도리를 손상시키지 못하고, 부귀하더라도 도리에 보탬이 되지도 않는다. 사람이라면 반드시 이 도리를 알아야 한다.

道義重 計較死生之心 輕

도의중 계교사생지심 경
도의는 무겁고
삶과 죽음을 따지는 마음은 가볍다.

공부하는 사람이 염두에 두어야 할 중요한 말이 있다.

"뜻있는 선비는 구렁텅이에 던져지는 것을 잊지 않는다!" 왜냐하면 인간 사회에서 요청되는 도의는 중요하고, 단순하게 삶과 죽음을 따지는 마음은 가벼운 것이기 때문이다. 의복이나 음식처럼 사소한 것들을 얻지 못하더라도 반드시 죽는 것은 아니다. 그러니 어찌 정의와 본분을 어기고 마음과 의지를 굽히면서 조급하게 그것을 구하겠는가?

요즘 사람들 중에는 단순히 가난한 것 자체가 싫어서 그것을 피하기 위해, 자기의 본심을 어기는 사람이 많다. 이런 삶을 어찌 경계하지 않을 수 있겠는가?

사람이 곤경에 처했을 때는 그것이 가벼운지 무거운지 차이를 느낄 수 있다. 사람의 역량에는 크거나 작은 차이가 있다. 일상생활에서 하루 종일 자신의 마음을 조절할 수 있다면, 생각과 행동이 모두 올바르게 되어, 하늘을 우러러보아도 부끄럽지 않고 땅을 굽어보아도 부끄럽지 않게 된다. 그렇게 했는데도 불행하게, 혼란의 시기를 맞아 몸을 다치거나 생명이 끊어질 수 있는 위험에 처해도, 지성인은 근심하지 않고 옳은 길로 나아갈 뿐이다.

輕重是非他人 最學者大病

경중시비타인 최학자대병
다른 사람에 대해 이러쿵 저러쿵 옳고 그름을 따지지 말라.
배우는 사람의 가장 나쁜 병폐다.

다른 사람에 대해 이러쿵저러쿵 옳고 그름을 따지지 말라. 그런 태도는 공부하는 사람에게 가장 나쁜 병폐다. 옳은 것도 그가 옳은 것이며 그른 것도 그가 그른 것이니, 나와 무슨 상관이 있겠는가? 중요한 것은 자가 단속이다. 먼저 자신을 성찰하라!

어떤 인물에 대해 평가를 내릴 때는, 반드시 먼저 그 사람을 넓은 안목에서 보라. 그런 다음에 그 사람의 장점과 단점을 살펴라. 장점이 많은지 적은지, 단점이 많은지 적은지를 차근차근 검토해야 한다. 또 어떤 장점과 단점이 있는지, 어떤 점을 가지고 있고 어떤 점을 가지고 있지 않은지 고려해야 한다. 뿐만 아니라 그 사람의 장점이나 단점이 중요한 것인지 아닌지, 가지고 있는 것이 중요한지 아닌지를 꼼꼼하게 살펴봐야 한다. 이모저모를 따져 평가를 내려야, 그 사람의 자질이 좋은지 나쁜지를 제대로 판단할 수 있다.

義理 人心所同 人去講求 却易爲力

의리 인심소동 인거강구 각역위력

사람답게 살아가려는 도리는 사람의 마음에 보편적으로 존재하는 윤리다.
이를 강구하면 인생에게 쉽게 힘을 쏟 수 있다.

요즘 사람들 중에 좀 위험한 부류가 있다. 어떤 사람들은 오로지 취직에만 필요한 공부를 하여, 자신의 인생을 완전히 잘못되게 만든다. 또 어떤 사람은 취직에 필요한 공부는 하지 않고 형이상학적인 윤리도덕만을 공부하여 자기가 하는 일이 자신이 공부한 것과 전혀 관련되지 않기도 한다.

또한 자신의 본분에 따라 이미 깨달은 내용을 몸소 실천하지만, 그것을 다른 사람들과 공유하기를 회피하는 사람도 있다. 이런 사람은 인생에서 오류가 생길 수도 있지만, 큰 낭패에 이르지 않을 것이다. 어쩌면 오늘날과 같은 상황에서는 이런 사람이 매우 훌륭한 부류에 속할 수도 있다.

인간이 사람답게 살아가려는 도리는 사람의 마음에 보편적으로 존재하는 윤리다. 그러므로 사람이 이를 강구한다면 인생에서 어떤 일이건 쉽게 해결할 수 있는 힘이 된다. 자신의 인생과 동떨어진 취직 공부에만 매달린다면, 그것은 자신의 본분과 상관없는 일이기 때문에 오히려 공부하기 아주 어렵다. 자신의 인생과 관계없는 취직 공부가 얼마나 많은 사람들을 망쳐 놓았는가! 정말 애석하다!

지성인은 먼저 단순하게 취직하는 문제와 인생을 살찌우는 독서, 이 두 가지 가운데 어느 것이 덜 중요하고 어느 것이 더 중요한지 분별해야 한다. 독서에 70%의 힘을 쏟고, 취직 공부에 30%의 힘을 쏟으면 괜찮다. 하지만 취직 공부에 70%의 힘을 쏟고 독서에 30%의 힘을 쏟으면, 반드시 그 취직 공부에 인생을 정복당하기 쉽다.

하물며 삶의 모든 의지를 오로지 취직 시험에만 둔다면 어떻게 되겠는가! 동서고금을 막론하고 훌륭한 사람들이 일반 사람들에게 일러주는 공부의 핵심은, 자신의 인생을 위한, 자기를 위하는 공부일 뿐이다.

自暴者 有强悍意 自棄者 有懦弱意

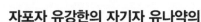

자포자 유강한의 자기자 유나약의
자신을 해치는 자는 지나치게 억세고 사나우며
자신을 버리는 자는 지나치게 소심하고 나약하다.

요즘 사람들의 마음을 살펴보면, 두 가지 대비되는 모습이 보인다. 명성과 재물을 추구하는 사람, 그리고 인간 세상의 도리를 추구하는 사람! 무엇 때문에 명성과 봉록만을 추구하여, 자신의 마음을 완전히 등지고 세상의 도리를 추구하지 않은가?

맹자는 심각하게 말했다.

"자기 자신을 해치는 포악한 사람과는 함께 말할 수 없고, 자기 자신을 버리고 포기하는 사람과는 함께 일할 수 없다!"

자신을 해치는 사람은, 인간 사회의 예의를 비방하며, 예의는 좋은 것이 아니라고 말한다. 다른 사람의 좋은 행동을 미워하는 사람들이 세상에 있는데, 그들은 단지 사람이 행하는 여러 모습이 어떠어떠하다고 중얼거린다. 그런 말은 자기 스스로가 그와 같이 거칠고 난폭하기 때문에 하는 말이므로, 그런 사람과는 전혀 말이 통하지 않는다.

　자신을 버리는 사람은, 스스로 인간 세상의 도리는 좋은 것이라고 말하고, 다른 사람의 말도 귀담아 들으며, 또한 다른 사람의 말을 수용한다. 하지만, 단지 자신은 그것을 할 수 없다고 생각한다. '당신이 어떻게 하든, 나는 그것을 할 수 없다'라고 말할 뿐이다. 이것이 자신을 포기하는 것이니, 그런 사람과는 끝내 함께 일할 수 없다.

　자신을 해치는 포악한 사람은 지나치게 억세고 사나운 성격을 갖고 있고, 자신을 포기하는 사람은 지나치게 소심하고 나약한 성격을 갖고 있다.

盡心奉職 心心念念

진심봉직 심심념념
마음을 다해 자신의 직무를 맡으라.
진정성을 다하라.

동서고금의 훌륭한 책을 읽지 않고 오로지 취직 시험용 문장만 읽을 때 아주 큰 문제를 낳을 수 있다. 취직 시험에 여러 차례 응시해도 합격하지 못한다면, 나이가 들어 쓸쓸하게 여기저기 떠돌아다닐 것이다. 취직 시험을 통과하여 어떤 직장을 얻더라도 삭막할 뿐이다. 마음을 다해 자신의 직무를 맡고, 직장의 이익을 위해 일하며, 사회의 부정과 부조리를 제거하겠다고 앞장서지 않을 것이다. 오직 승급하는 것만 생각하고, 다른 사람에게 아부하여 출세를 도모하며, 조금이라도 높은 자리에 오르기 위해 못할 것이 없을 것이다. 경계하라!

名義不正 事不可行

명의부정 사불가행
명분과 의리가 바르지 않은
그런 일은 하지 말라.

어떤 직종에서건 일을 맡으면, 자신의 직무를 피하지도 말고, 다른 사람의 직무를 침해하지도 말라.

명분과 의리가 바르지 않으면, 그 일을 해서는 안 된다. 자신의 직분에 맞게 실천할 만한 일이 없으면, 떠나면 그만이다.

맹자가 말한 것처럼, "생명을 버리고 의로움을 취하라!" 사생취의(捨生取義)! 옛날 사람은 이러한 상황을 대수롭지 않게 여겼다. 하지만 요즘 사람은 그것을 아주 큰 일로 생각한다.

참고문헌

『朱子語類』

『性理大全』

『近思錄』

『小學集註』

『大學章句』

『論語集註』

『孟子集註』

『中庸章句』

『詩經』

『書經』

『周易』

『朱子語類』譯注(「讀書法」,「小學」,「持守」,「力行」,「大學」部分)
(日本 汲古書院 發行)